Comentários à Constituição Federal

ORDEM ECONÔMICA E FINANCEIRA

N244c Nascimento, Tupinambá Miguel Castro do
    Comentários à Constituição Federal: ordem econômica e financeira / Tupinambá Miguel Castro do Nascimento. — Porto Alegre: Livraria do Advogado, 1997.
    259 p.; 14 x 21 cm.
    ISBN   85-7348-020-3

    1. Constituição: Brasil: 1988: Comentários. 2. Atividade econômica: Constituição: Brasil: 1988. 3. Política urbana: Constituição: Brasil: 1988. 4. Política agrícola: Constituição: Brasil: 1988. 5. Reforma agrária: Constituição: Brasil: 1988. 6. Sistema financeiro: Constituição: Brasil: 1988. I. Título.

    CDU 342.4(81)"1988"(094.4.072)

(bibliotecária responsável: Marta Roberto, CRB 10/652)

Tupinambá Miguel Castro do Nascimento

Comentários à Constituição Federal

ORDEM ECONÔMICA E FINANCEIRA

livraria
DO ADVOGADO
editora

Porto Alegre 1997

© Tupinambá Miguel Castro do Nascimento, 1997

Capa, projeto gráfico e diagramação
Livraria do Advogado / Valmor Bortoloti

Revisão
Rosane Marques Borba

Direitos desta edição reservados por
Livraria do Advogado Ltda.
Rua Riachuelo, 1338
90010-273 Porto Alegre RS
Fone/fax: (051) 225 3311
E-mail: liv_adv@portoweb.com.br
Internet: http://www.liv-advogado.com.br

Impresso no Brasil / Printed in Brazil

Sumário

Capítulo I
Princípios gerais da atividade econômica 9
1. Introdução 11
   1.1. Constitucionalismo econômico 11
   1.2. Liberalismo econômico 14
2. Artigo 170 17
   2.1. Noções gerais 17
   2.2. Princípios 20
   2.3. Livre concorrência 23
   2.4. Defesa do consumidor 26
   2.5. Defesa do meio ambiente 29
   2.6. Empresa de pequeno porte 31
3. Artigo 172 34
   3.1. Observações iniciais 34
   3.2. Investimentos 37
   3.3. Reinvestimentos 40
   3.4. Remessa de lucros 41
4. Artigo 173 42
   4.1. Serviços 42
   4.2. Atividade econômica 45
   4.3. Abuso do poder econômico 49
   4.4. Responsabilidade 51
5. Artigo 174 56
   5.1. Atuação estatal 56
   5.2. Cooperativismo 61
6. Artigo 175 65
   6.1. Serviços públicos impróprios 65

- 6.2. Concessões e permissões 68
- 6.3. Política tarifária 70
- 6.4. Serviço adequado 72
- 6.5. Direitos dos usuários 75
- 6.6. Distinção entre concessões e permissões 77
- 7. Artigo 176 79
  - 7.1. Noções de propriedade 79
  - 7.2. Concessionários e permissionários 82
  - 7.3. Faixa de fronteira e terras indígenas 85
  - 7.4. Participação do proprietário 88
- 8. Artigo 177 90
  - 8.1. Escorço histórico 90
  - 8.2. A Emenda Constitucional nº 9/95 94
  - 8.3. Material radioativo 96
- 9. Artigo 178 98
  - 9.1. Observações iniciais 98
  - 9.2. Transporte internacional 101
  - 9.3. Transporte de cabotagem e interno 104
- 10. Artigo 179 107
  - 10.1. Microempresas e empresas de pequeno porte 107
  - 10.2. Tratamento diferenciado 110
- 11. Artigo 180 116
  - 11.1. Patrimônio turístico 116
  - 11.2. Promoção e incentivos 118
- 12. Artigo 181 121
  - 12.1. Compreensão 121

Capítulo II
Política Urbana 125
- 1. Introdução 127
  - 1.1. Imóveis rurais e urbanos 127
  - 1.2. Zonas rurais e urbanas 131
  - 1.3. Política fundiária 134
- 2. Artigo 182 135
  - 2.1. Leis pertinentes 136
  - 2.2. Lei de diretrizes gerais 137
  - 2.3. A lei do plano diretor 139

2.4. Questionamentos 142
2.5. Função social e propriedade urbana 144
2.6. Desapropriação 146
3. Artigo 183 149
   3.1. Observações gerais 149
   3.2. Posse 153
   3.3. Imóvel usucapível 156
   3.4. Título de domínio e concessão de uso 159

Capítulo III
Política agrícola e fundiária e reforma agrária 161
1. Artigo 184 163
   1.1. Generalidades 163
   1.2. Objeto desapropriável 167
   1.3. Título da dívida agrária 169
2. Artigo 185 173
   2.1. Observações iniciais 173
   2.2. Propriedade produtiva 175
   2.3. Pequena e média propriedade 177
   2.4. Tratamento especial 179
3. Artigo 186 181
   3.1 Requisitos da função social 181
   3.2. Aproveitamento da terra 183
   3.3. Recursos naturais disponíveis e meio ambiente 185
   3.4. Relações de trabalho 187
   3.5. Exploração que favoreça o bem-estar dos proprietários
        e dos trabalhadores 189
4. Artigo 187 192
   4.1. Política agrícola 192
   4.2. Legislação infraconstitucional 195
   4.3. Habitação para o trabalhador rural 199
5. Artigo 188 201
   5.1. Compreensão de terra pública 201
   5.2. Compreensão de terras devolutas 204
   5.3. Alienação e concessão de bem público 207
6. Artigo 189 211
   6.1. Parceleiros 211

6.2. Escolha do parceleiro 213
6.3. Títulos conferidos e rescindibilidade 215
6.4. Título de domínio e inalienabilidade 217
6.5. Estado civil 220
7. Artigo 190 222
   7.1. Restrição ao direito de propriedade 222
   7.2. A Lei nº 5.709/71 224
8. Artigo 191 228
   8.1. Legitimidade 228
   8.2. Relação possessória qualificada 231
   8.3. Objeto do usucapião 234

Capítulo IV
Sistema financeiro nacional 237
1. Introdução 239
   1.1. Aspectos iniciais 239
   1.2. Lei Complementar e estruturação 241
2. Artigo 192 245
   2.1. Autorização 246
   2.2. Capital estrangeiro 248
   2.3. Banco Central e demais instituições financeiras 250
   2.4. Regionalização das poupanças 252
   2.5. Juros reais 253

Bibliografia 257

Capítulo I

PRINCÍPIOS GERAIS DA ATIVIDADE ECONÔMICA

1. Introdução

1.1. Costituncionalismo Econômico

O *constitucionalismo* aparece, certamente, a partir do momento em que o homem teve a consciência de que, sendo livre, deveria se opor ao absolutismo de certos governos. Organizando-se a estrutura estatal em sua volta e com a finalidade de proporcionar vida humana mais digna, vai-se em busca do Estado de Direito, em que o homem é respeitado e usa da arma da Constituição contra os desmandos do Poder e da tirania. Em 1.215, por exemplo, na Inglaterra, há a denominada *Magna Charta*: os barões do reino impõem a João Sem Terra, o Rei, um texto que contém regras a serem respeitadas pelo Monarca. Em seu início, o constitucionalismo é informado por idéias liberais e pode se qualificar de constitucionalismo político. É o Estado estruturado em defesa do homem.

Assim, historicamente, o constitucionalismo político veio para, organizando o Estado, garantir sua finalidade. Pondo fim ao arbítrio e ao direito da força, inadmitindo desrespeitos aos direitos das pessoas, afirmou estruturalmente o Estado e propiciou, com a divisão de Poderes, os limites do governo. Tudo, obviamente, resultante de evolução. Contudo, vista em sua maior ou menor extensão, independente de época, o constitucionalismo objetiva contrapor suas regras aos ilimitados poderes do mandatário político e, com isto, defender a população de possíveis abusos do Poder. Este é o aspecto que se acentua no constitucionalismo político, para entendê-lo frente a outras qualificações.

Após 1.918, quando do término da I Guerra Mundial, o constitucionalismo se revigora, qualificando-se como social e econômico. Tal espécie de constitucionalismo já era orientação mais prática, não só defendendo o homem contra o desmando, mas introduzindo regras mínimas a serem obedecidas para o alcance de uma melhor qualidade de vida, pensando nas classes desfavorecidas, em busca da justiça social. Isto de um lado e sob o enfoque social. De outro lado, o elemento econômico inaugura o tratamento normativo nas Constituições de regras pertinentes à ordem econômica, dando, desta forma, um notável salto que serve como fundamento para a necessária coordenação do exercício da atividade econômica.

No princípio, o liberalismo, que na área econômica era a liberdade quase sem limites, o *laissez-faire*, imperava nas Constituições. Não havia maiores limites e condicionamentos. Com o constitucionalismo socioeconômico, abre-se um leque mais abrangente e protetor. Américo Luis Martins da Silva (1.996, p. 5) acentua: "Assim, pioneiramente, a Constituição mexicana, de 1.917, e a Constituição de Weimar, de 1.919, abandonaram a concepção da *liberal-democracia*, para instituirem a *social democracia*, tendência essa que se generalizou..." Estas novas idéias se refletiram em outros países e acabaram por aportar no Brasil.

A Constituição brasileira de 1.934 iniciou, em nosso país, o ciclo dos textos constitucionais socioeconômicos, ao incorporar na Lei Maior toda legislação trabalhista editada após a Revolução de 1.930, criando um título dedicado à ordem econômica e social, o que importou em limitar a liberdade econômica e tornar a liberdade de iniciativa em relativa. Marcelo Caetano (1.977, pp.

548/558), examinando a Constituição de 1.934, anota que precederam à Revolução de 1.930 críticas ao "liberalismo econômico que se teria mostrado inadequado às circunstâncias surgidas da guerra de 1.914-18", tendo a nova ordem econômica limitado a liberdade econômica.

O regramento da nova ordem econômica, de natureza básico e orientador, se embasava em dois pressupostos, como se lia no artigo 115 da referida Constituição: *princípios da justiça* e *necessidades da vida nacional*. Com esses fundamentos, buscava-se alcançar um específico objetivo: garantir a *todos existência digna*. Programados os pressupostos e objetivo, afirmava-se, no mesmo dispositivo constitucional: "Dentro desses limites, é garantida a liberdade econômica". A Constituição de 1.937, outorgada por Vargas, tinha o artigo 135 que tratava da iniciativa individual exercida nos "limites do bem público" e da introdução "no jogo das competições individuais o pensamento dos interesses da Nação, representados pelo Estado".

A Constituição de 1.946, ao tratar da ordem econômica e social, definiu elementos para o estabelecimento da economia, coordenando-os: "conforme os princípios da justiça social, conciliando a liberdade de iniciativa com a valorização do trabalho humano" (art. 145). A Carta de 1.967 não produziu alterações mais profundas, tudo se situando em mudança redacional. Indicou como objetivo da ordem econômica a realização da justiça social, obediente, entre outros, aos princípios da livre iniciativa e da valorização do trabalho como condição da dignidade humana (art. 157). A Emenda Constitucional nº 1 renumerou a norma, que passou a ser o artigo 160, acrescentando mais um objetivo a alcançar: desenvolvimento nacional.

1.2. Liberalismo Econômico

O liberalismo econômico, pelo menos como matéria do constitucionalismo econômico, apresenta duas etapas diferenciadas, se o estudioso se colocar ante uma perspectiva histórica. Com efeito, as Constituições de 1.824 e 1.891, pelo fato de serem omissas, se harmonizavam com o liberalismo econômico da época, isto é, o liberalismo ilimitado, sem condicionamentos, desde que exercício razoavelmente lícito. Em 1.934, com o aparecimento no Brasil do constitucionalismo econômico, o liberalismo econômico passou a se limitar, obediente que se tornou a fundamentos explicitados, a princípios elencados e a objetivo expressamente declarado. Na área do normativismo constitucional, são estas as únicas etapas do nosso liberalismo econômico.

Fala-se hoje em neoliberalismo econômico. Com as alterações de normas constitucionais, face a emendas constitucionais aprovadas, é de se supor que a nova terminologia busca ressaltar uma nova orientação quanto à utilização de capital estrangeiro, permitindo-o onde não era admitido (navegação de cabotagem e interior, por exemplo), uma redução de influência daquilo que era o interesse nacional. Também se poderia ver na nova compreensão uma tutela maior ao alto empresariado, ao sistema bancário nacional e estrangeiro, a uma política forte a favor da privatização em todos os setores da vida nacional. Isto seria, pela prática governamental presente, o que se poderia identificar com o neoliberalismo. Toda questão é que o neoliberalismo deve se adequar ao constitucionalismo econômico. Há adequação?

Se o *neo* se refere a esta nova abrangência da ordem econômica, tutelando o que era estranho à ordem, alcançando e oportunizando a utilização do capital estrangeiro, substituindo cláusulas de interesse público pelo interesse privado, não se pode negar que a visão econômica, como coordenação estatal, significou sensível alteração a justificar o neoliberalismo. A questão mais importante, porém, é se a prática deste neoliberalismo está conforme os ditames constitucionais. O liberalismo econômico não se situa somente na livre iniciativa. É esta que deve atuar em harmonia com o trabalho humano valorizado, buscando garantir existência digna a todos de acordo com os ditames da justiça social e obediente a diversos outros princípios.

A compreensão é objetivamente simples. Anteriormente, em seu início, o liberalismo econômico é sem limitações. Libera-se a iniciativa, tornando-se-a qualificavelmente livre. Afora alguns alvarás e provimentos, na área da legislação infraconstitucional, a atividade econômica era entregue a privatizações. A partir da Constituição de 1.934, com o constitucionalismo econômico, busca-se frear a iniciativa dita livre. E não só isto. A livre iniciativa é *um* e não o exclusivo fundamento da ordem econômica. No período que vai até a entrada em vigor do Texto Constitucional de 1.988 e enquanto se mantém a redação aprovada pela constituinte originária, além da livre iniciativa, há o fundamento da valorização do trabalho humano, o objetivo da justiça social e a obediência a diversos princípios arrolados.

Na equação do liberalismo econômico, eram e são essenciais, visto que inalterados, a valorização do trabalho humano e os princípios indicados no artigo 170 da CF. Enfatiza-se que tais fundamentos e regramentos continuam os mesmos que já existiam antes da edição da atual Constituição e se mantêm intocados. O valor social do trabalho, inclusive, é fundamento, em idêntico nível de relevância com a livre iniciativa, da República Federativa do Brasil (art. 1º, IV, da CF). Assim, a modificação de um dos fundamentos - a livre iniciativa - pode permitir a denominação de neoliberalismo, mas não apaga, da equação da ordem econômica, os outros dados que se demonstram igualmente fundamentais, entre os quais se reafirmam a valorização do trabalho humano, o pleno emprego, a função social da propriedade e a defesa do consumidor.

Deste modo, não pode o governante brasileiro, no exercício da política governamental e a título de neoliberalismo, dar prevalência ou exclusividade à livre iniciativa, cumprindo as emendas constitucionais que apareceram a partir de 1.995, descurando dos outros princípios e fundamentos da ordem econômica. Uma política que se estenda em medidas e benefícios que liberem a iniciativa não pode importar em aumento percentual de desemprego, da mesma forma que uma política financeira e bancária, com liberação de taxas e juros, pelo simples fato de ser neoliberalismo, não pode ser aplicada se viola direitos subjetivos dos consumidores, também garantidos constitucionalmente. Todo exercício de poder para se adequar ao texto constitucional deve considerar todos os elementos e dados da equação normativa constitucional.

O que se quer dizer é que a expressão neoliberalismo cunha uma realidade perfeitamente aplicável no Brasil, se e enquanto houver a efetiva adequação às normas constitucionais. É o importante e oportuno combate entre o que é o dado teorizante do texto constitucional e a prática da política governamental. Um exemplo bem oportuno nos dias atuais: oportunizar-se à rede bancária a cobrança usurária de taxas, sem qualquer limitação possível, sob a alegação de se estar diante do neoliberalismo. Presentes, porém, aparecem a violação dos ditames da justiça social e do que se entende como direito dos consumidores, os clientes bancários. Não é neoliberalismo, porque inconstitucional, o que infringe princípios expressos do neoliberalismo econômico. A inconstitucionalidade vem da prática governamental.

2. Artigo 170

A ordem econômica, fundada na valorização do trabalho humano e na livre iniciativa, tem por fim assegurar a todos existência digna, conforme os ditames da justiça social, observados os seguintes princípios:
I - soberania nacional;
II - propriedade privada;
III - função social da propriedade;
IV - livre concorrência;
V - defesa do consumidor;
VI - defesa do meio ambiente;
VII - redução das desigualdades regionais e sociais;
VIII - busca do pleno emprego;
IX - tratamento favorecido para as empresas de pequeno porte constituídas sob as leis brasileiras e que tenham sua sede e administração no País.
Parágrafo único. É assegurado a todos o livre exercício de qualquer atividade econômica, independentemente de autorização de órgãos públicos, salvo nos casos previstos em lei.

2.1. Noções Gerais

O tema relativo à ordem econômica só se constitucionalizou a partir da Constituição de 1.934. A Constituição do Império (1.824), é verdade, garantia, no artigo 179, o "direito de propriedade em toda sua plenitude" (XXII), a propriedade dos inventores quanto às descobertas e produções (XXVI), assegurando a liberdade do trabalho com a abolição das "corporações de ofícios, seus juízes, escrivães e mestres" (XXV). Nossa 1a. Constituição republicana (1.891) repetiu a de 1.824 (art. 172, § 18). Estas duas Cartas nacionais podem ser categorizadas como indicativas de ideologia liberal. Contudo, no pertinente à regulação de uma ordem econômica, tais Cartas políticas eram, indubitavelmente, omissas.

A Constituição de 1.934 inscreveu em seu texto (arts. 115/143) um Título, a que denominou *Da Ordem Econômica e Social*. Com a finalidade de possibilitar a todos existência digna, falava em liberdade econômica, em nacionalização progressiva de bancos de depósito e de empresas de seguro em todas suas modalidades, etc. Era vedada a usura, etc. Deletava-se o que era liberalismo, o *laissez faire*, e se buscava uma ordem econômica mais branda, com motivações sociais. A mesma orientação foi imprimida, embora regulação parcialmente diversa, nas Constituições de 1.937 (arts. 135/155), de 1.946 (arts. 145/162), de 1.967 (arts. 157/166) e de 1.969, a resultante da Emenda Constitucional nº 1/69 (arts. 160/174).

A atual Carta Magna, de 1.988, identicamente, tem um Título referenciado a *Ordem Econômica e Financeira* (arts. 170/192). O artigo, que ora estamos anotando, busca indicar os fundamentos da ordem econômica - valorização do trabalho humano e livre iniciativa -, afirmando a sua finalidade de asseguramento a todos de uma existência digna e obediente a princípios que arrola em nove incisos, a serem examinados adiante. A primeira questão a ser examinada, para alcance dos parâmetros e conteúdo da ordem econômica no atual Texto Maior, é uma melhor explicitação do que se tem por *livre iniciativa* e por *trabalho humano*.

Presente no texto do artigo em comento como um dos fundamentos da ordem econômica, a *livre iniciativa* deve ser entendida quanto à sua extensão. O adjetivo *livre* poderia levar a se entender a iniciativa como absoluta, ilimitada, sem condicionamentos. A natureza de absoluta deve ser afastada, pelo simples fato de constar do referido artigo outro fundamento, que é o trabalho humano. A interpretação sistemática das normas constitucionais não admite a conclusão pelo liberalismo sem limitações. Esta natureza absoluta foge, por estranha, como se verá a seguir, às pretensões da legislação constitucional.

Pode-se indagar e se pesquisar até que ponto a livre iniciativa e o trabalho humano estão colocados no mesmo nível de influência como fundamento, ou se pensar na supremacia de um sobre o outro e, na hipótese em exame, na predominância da livre iniciativa. A idéia extraída da Constituição é que os dois fundamentos atuam coordenadamente, sem qualquer prioridade ou condicionamento entre eles. Daí, cada um se relativizando diante do outro, nenhum sendo absoluto. São idéias e compreensões que se interpenetram, axiologicamente entrelaçadas.

O próprio texto constitucional é suficientemente claro a respeito. O artigo 1º, inc. IV, indica, como um dos fundamentos da República, "os valores sociais do trabalho e da livre iniciativa". Sem enfatizar este ou aquele, o entendimento que afasta qualquer exclusividade ou maior relevância de qualquer dos fundamentos, está em conformidade constitucional. Deve-se, por isso, interpretar estes dois fundamentos da forma como regrava a Constituição de 1.946, no artigo 145: "conciliando a liberdade de iniciativa com a valorização do trabalho humano". A atuação dos dois espeques se dá por coordenação, harmonia, atendida a finalidade.

Tanto um como o outro dos fundamentos possuem relatividade e não estão isentos da intervenção estatal, seja advinda de lei, seja proveniente de determinadas condutas do administrador público. O parágrafo único do artigo ora anotado regra acerca da garantia do exercício de qualquer atividade econômica, sem necessidade de autorização de qualquer órgão público, mas faz uma ressalva: "salvo nos casos previstos em lei". O artigo 190, I e II, tem exceções. Identicamente, é garantia constitucional o "livre exercício de qualquer trabalho, ofício ou profissão, atendidas as qualificações profissionais que a lei estabelecer" (art. 5º, XIII, da CF). As restrições, por isso, são possíveis, desde que expressas em lei.

Permanecem com o Estado, contudo, as funções de fiscalização e incentivo da atividade econômica e, com a característica simplesmente indicativa e não-determinante, a de planejamento (art. 174 da CF). Deste modo, mais claro fica que, mesmo perante o Estado, a livre iniciativa e o trabalho humano, principalmente aquela, não têm a amplitude que se poderia pensar. Sempre há uma razoável relatividade para que haja respeito ao interesse social e ao interesse público referentemente ao interesse individual. Em conseqüência disto, não se pode confundir livre iniciativa com liberalismo econômico (Grau, 1.991, p. 222).

2.2. Princípios

Na execução e desenvolvimento da ordem econômica, há a observância obrigatória de diversos *princípios* exaustivamente indicados na norma constitucional. A indagação, a exigir uma melhor explicitação, concerne ao que se entende por *princípios*. São regras fundamentais básicas, parâmetros, orientações, que servem para reger determinadas situações. São sinais a serem utilizados, necessariamente, para determinada atividade, regramentos impostos ao desenvolvimento de específica conduta. A adoção de princípios serve como norte embasador, na hipótese, do exercício da ordem econômica e da fiscalização estatal.

Entenda-se. Há os elementos que atuam como fundamentos, as causas eficientes da adoção da ordem econômica. De um lado, a valorização do trabalho humano e, do outro, a valorização da livre iniciativa. Ambas atuando em coordenação. Há, identicamente, o dado finalístico, o que se pretende alcançar com a ordem econômica: a garantia da existência digna de todos, de acordo com os ditames da justiça social. Entre as causas motivadoras e o fim há a necessária instrumentalização que se compõe de meios através dos quais se chega exitosamente ao pretendido desiderato; são os princípios norteadores. É deles que trataremos a partir de agora, o quanto bastar para compreendê-los. Uns neste item e outros em itens separados.

A *soberania nacional*, que é fundamento da República brasileira e do Estado democrático do direito (art. 1º, I, da CF), é princípio a ser observado na execução da ordem econômica. Entende-se-a como poder político superior, o mais alto, acima do qual nenhum existe. Além do mais, nas relações internacionais, o Brasil se orienta, entre outros princípios, pela independência nacional e pela autodeterminação dos povos, mas acentua, identicamente, que deve seguir o princípio de "cooperação entre os povos para o progresso da humanidade" (art. 4º, I, III e IX, da CF). Daí não se deve ver na soberania nacional xenofobismo. Como salienta Celso Ribeiro Bastos (1.990, p. 20), a colaboração internacional é admitida, desde que não viole nossa autodeterminação.

A propriedade consta do texto constitucional como garantia individual (art. 5º, XXII), qualificada como cláusula pétrea, e, na área da ordem econômica, como *propriedade privada*. O direito individual tem conotação certa. É, como inicial observação, garantia referenciada à dominialidade particular, uma relação de direito real entre o titular e a coisa objeto do direito. De outro lado e aqui a segunda observação, a propriedade, se e enquanto utilizada na ordem econômica, permanece na titularidade da pessoa física ou jurídica. Por mais importante que a atividade possa ser para o Estado, o bem não passa à propriedade coletiva e se mantém na dominialidade particular.

Outros países têm orientação diversa. Assim, em Angola "a base do desenvolvimento econômico e social é a propriedade socialista, consubstanciada na propriedade estatal e na propriedade cooperativa" (art. 9º da Constituição de 1.975); em Cabo Verde, há a propriedade do Estado e "a propriedade cooperativa que, organizada sobre a base do livre convencimento, incide sobre a terra e a exploração agrícola, a produção dos bens de consumo, o artesanato e outras atividades fixadas por lei" (art. 11, "b", da Constituição de 1.975) e em São Tomé e Príncipe só se permite "a propriedade privada desde que a sua existência não vá contra os interesses gerais definidos pela política econômica do Estado" (art. 4º, § 4º, da Constituição de 1.975).

No Brasil, em termos de ordem econômica, basta que a propriedade privada seja exercida com *função social* (art. 5º, XXIII), o que afasta que o exercício dominial seja ilimitado ou absoluto. Já houve tempo em que a extensão e compreensão deste exercício se localizavam na doutrina. Hoje, a medida da função social está regulada no próprio texto constitucional. Há uma política de desenvolvimento urbano ditada por lei municipal, à qual se soma a lei do Plano Diretor, que também é lei local. Diz o artigo 182, § 2º, da CF, que "a propriedade urbana cumpre sua função social quando atende às exigências fundamentais da cidade expressas no plano diretor". Em termos de propriedade rural, a função social está regulada no artigo 186 do mesmo texto constitucional.

Há outro princípio a ser seguido: *redução das desigualdades regionais e sociais* (inc. VII). J. Cretella Jr. (1.993, p. 3.985) diz que "o mandamento é novo, traduz a boa intenção do legislador, mas é utópico". Entendê-lo como utopia não é comentar; sim vaticinar. Temos que não tem nada de utópico. É indicativo do que se deve alcançar, desde que com vontade política adequada e suficiente. No artigo 21, IX, a Constituição diz competir à União "elaborar e executar planos nacionais e *regionais* de ordenação do território e de desenvvolvimento econômico e social". Não precisa dizer que a política governamental deve se guiar pela Constituição. O descumprimento do princípio constitucional é falta de vontade política e de mau gerenciamento administrativo.

O princípio da *busca do pleno emprego* deve ser entendido como medidas tomadas para reduzir a taxa do desemprego e, como conseqüência, aumentar a do emprego. O pleno emprego sempre será a meta, embora difícil de ser alcançada. Esta norma norteadora é aplicável, pelo fato de ser princípio, diretamente na política do governo. Indiretamente, atua no exercício da atividade econômica. Assim, toda atividade econômica que vier a importar, via de conseqüência, em aumento das taxas de desemprego, é exercício de atividade não permitida, por ofensa constitucional. O poder de polícia do Estado, através do direito à fiscalização, deve agir.

2.3. Livre concorrência

No exercício da atividade econômica, deve imperar a livre iniciativa, com o seu desenvolvimento num regime de *livre concorrência*. Entenda-se: livre concorrência não é liberdade de concorrer, como ressalta Eros Roberto Grau (*Opus cit.*, p. 229); sim haver concorrência que se demonstra obrigatória, qualificando-se-a de livre. Em outras palavras, na organização da economia de mercado, sempre presente no regime capitalista, deve haver liberdade de iniciativa, se desenvolvendo, a partir daí, com a presença impositiva da competitividade, tanto na conquista dos clientes como na opção dos consumidores. A regra concorrencial é salutar nesta área de atividade econômica, a fim de se conseguir, sem prejuízo de outros, espaços do mercado.

Nesta exposição, simples e inicial, este é o princípio que se pratica diuturnamente, na constante disputa das livres negociações, quer em plano de economia internacional e, no que interessa, em plano nacional e regional. A economia de mercado desenhada pelo regime capitalista a exige. Em conseqüência deste princípio paramétrico, incompatíveis se afiguram a monopolização e a oligopolização. No monopólio, onde se detecta a exclusividade, em determinado setor, de uma única empresa na atividade econômica, há desconformidade com a concorrência. No oligopólio, por haver dominação do mercado por um número pequeno de empresas, o resultante é que desaparece a livre concorrência.

Há outras formas inadmitidas de busca de dominação dos mercados. Um primeiro exemplo. Várias empresas fazem acordo entre elas, se organizando com o fito de impor preços ao consumidor, extinguindo ou criando dificuldades à livre concorrência. Está-se diante da cartelização. Em outra situação, um conjunto de empresas é controlado por um grupo econômico ou financeiro, com objetivo certo de monopolizar certa área da economia. Estamos diante da figura do truste. Os objetivos pretendidos, de redução ou término da livre concorrência, tornam os cartéis, os trustes e outras condutas inominadas ontologicamente estranhos ao ambiente livre concorrencial. Nosso regime de mercado, por isso, rejeita os cartéis, os trustes e outras condutas ainda não batizadas, jurídica e economicamente.

Formalmente, nada impede a existência de grupo de sociedades, com uma controladora e as demais controladas. A Lei das Sociedades Anônimas (Lei nº 6.404/76) admite esta possibilidade, desde que com a finalidade de "combinar recursos ou esforços para a realização dos respectivos objetos, ou a participar de atividades ou empreendimentos comuns" (art. 265). Identicamente, admitem-se as sociedades consorciadas "para executar determinado empreendimento" (art. 278). Com isto se quer deixar claro que o princípio da livre concorrência não impede as sociedades controladas e consorciadas. O obstáculo está na finalidade - redução ou extinção da livre concorrência -, que caracteriza os cartéis, os trustes, etc.

A norma constitucional, assim entendida, tem correspondência na legislação ordinária. A Lei nº 1.521, de 26 de dezembro de 1.951, que tratava dos crimes contra a economia popular, criava um dos tipos no artigo 3º, III: "promover ou participar de consórcio, convênio, ajuste, aliança ou fusão de capitais, com o fim de impedir ou dificultar, para o efeito do aumento arbitrário de lucros, a concorrência em matéria de produção, transportes ou comércio". Este inciso foi revogado implicitamente pelo artigo 4º da Lei nº 8.137, de 27 de dezembro de 1.990, que assim passa a tipificar a infração penal: "Constitui crime contra a ordem econômica: I- abuso do poder econômico, dominando o mercado, ou eliminando, total ou parcialmente, a concorrência mediante" formas e tipos que indica em seis alíneas.

Modernamente, temos a lei denominada *antitruste* (Lei nº 8.884, de 11.6.94, alterada parcialmente pela Lei nº 9.021, de 30.3.95). Em seu artigo 20, elenca diversos fatos que são tipificados como infrações à ordem econômica e que, conforme explicita o artigo 1º, busca se orientar "pelos ditames constitucionais de liberdade de iniciativa, livre concorrência, função social da propriedade, defesa dos consumidores e repressão ao abuso do poder econômico". Acrescenta, ainda, no artigo 21, diversas condutas, modeladas não exaustivamente, que levam por caracterizar o agir como infração à ordem econômica. Ponto a ressaltar na configuração destas infrações é que basta a ação do agente, não se perquirindo a respeito de qualquer elemento subjetivo (art. 20 - "independentemente de culpa").

Na estrutura, portanto, destas infrações, que são de natureza administrativa e perseguíveis administrativamente, o que é relevante é o fato objetivo vinculado à ação do agente. O elemento subjetivo - dolo ou culpa - desimporta. É verdade que, na aplicação da pena, normalmente só pecuniária, tem influência a *boa-fé do infrator* (art. 27, II), que atuará como circunstância atenuante, sem descaracterização infracional. O exame da conduta sancionável, a decisão sobre sua existência e, em caso positivo, a aplicação da pena prevista em lei cabem ao Plenário do CADE (art. 7º, II), que é o *Conselho Administrativo de Defesa Econômica,* autarquia federal, composto por um Presidente e seis Conselheiros, nomeados pelo Presidente da República, após aprovação pelo Senado Federal (art. 4º).

2.4. Defesa do consumidor

Este princípio não é norma isolada no texto constitucional. Em outros locais da Carta de 1.988, há normatividades buscando a tutela do consumidor. Assim, no artigo 5º, XXXII - "o Estado promoverá, na forma da lei, a defesa do consumidor" -, no artigo 24, VIII - "responsabilidade por dano ... ao consumidor ..." -, no artigo 150, § 5º - "A lei determinará medidas para que os consumidores sejam esclarecidos acerca dos impostos que incidam sobre mercadorias e serviços" -, e no artigo 175, parágrafo único, II - nas concessões e permissões de serviço público, a lei deverá dispor acerca "dos direitos dos usuários", que são os consumidores da prestação de serviços. O que se enfatiza, no momento, é a defesa do consumidor perante a atividade econômica, genericamente vista.

Consumir é esgotar a coisa objeto de consumo. Neste sentido, é o conceito que o Código Civil dá aos bens consumíveis (art. 51 - "São consumíveis os bens móveis, cujo uso importa destruição imediata da própria substância ..."). Esta compreensão ligada ao esgotamento material da coisa em processo de consumo existe em se tratando de bem corpóreo, e o agente do consumo não deixa de ser consumidor. Contudo, a compreensão de consumo que importa na ordem econômica é mais extensa, abarcando outras situações. Daí se pesquisar, com justificada anterioridade, a significação jurídico-econômica do fato do consumo.

Geraldo de Camargo Vidigal (1.977, p. 117), se posiciona: "Chamamos atos de consumo à concretização de satisfações econômicas". Em outras palavras, há o ato de consumir toda vez que alguém satisfaça uma necessidade humana própria, com utilização de qualquer bem, seja móvel ou imóvel, corpóreo ou incorpóreo, sem interessar configurações jurídicas ou negociais prévias. O ato de consumo, antes de mais nada, é ato *essencialmente natural*. Isto não significa dizer que não possa existir subjacente um ato jurídico a validar o consumo. Contudo, o ladrão que furta um alimento e o ingere, está praticando ato de consumo, sem licitude, mas ato de consumo configurado.

Destaca-se, porém, que o ato de consumo, além de ser consumo natural, com esgotamento material da coisa ou a redução de sua substância, pode ter outra compreensão ditada pelo mundo jurídico. A aquisição ou utilização de um bem, mesmo sem haver diminuição física sensível da coisa, tem possibilidade de ser ato de consumo. É a juridicização do ato de consumo. Cabe à lei defini-lo e, o definindo, estará delimitando o próprio conceito de consumidor. É neste entendimento que se alcança outra situação, integrando-a no ato de consumo. Seu objeto pode ser a prestação de serviço, em que de um lado existe o seu prestador e, de outro, o que do serviço se utiliza, podendo se configurar como consumidor. Tudo, logicamente, na conformidade da lei ordinária.

Assim, é ato *jurídico* de consumo o com apoio em ato negocial válido e que, como conseqüência, dá àquele que consome o nome de *consumidor*. Deste modo, em qualquer aquisição de bem, seja do domínio, seja da posse, ou sua utilização ou aproveitamento de serviço prestado por outrem, pode haver a figura do consumidor. Não basta, logicamente, o ato de aquisição ou utilização. O adquirente ou utente deve estar qualificado por um requisito básico: ser destinatário final da aquisição, utilização ou aproveitamento. É a compreensão dada pela lei ordinária (Lei nº 8.078/90). Deste modo, o que faz simples intermediação consumidor não é.

Pode parecer estranho que se conceitue *consumidor*, denominação expressa em texto constitucional, a partir de uma lei ordinária, hierarquicamente inferior. O raciocínio seria simples. Uma norma de hierarquia superior não pode ser interpretada considerando restrições ou ampliações contidas em lei ordinária. Contudo, na específica hipótese, a presença de lei hierarquicamente inferior para se realizar a compreensão da norma constitucional é perfeita, porque conforme à própria Lei Maior. Com efeito, diz o inciso XXXII do artigo 5º da Carta de 1.988 que "o Estado promoverá, *na forma da lei*, a defesa do consumidor" (os grifos são nossos). A própria Constituição é que autoriza a lei ordinária dispor a respeito.

Ao se localizar o consumidor no término do processo produtivo-comercial, pelo fato de ser destinatário final, garante-se que toda pessoa física ou jurídica pode ser consumidor, mas não *necessariamente*. O exame deve ser feito caso a caso, para se concluir se há consumidor ou não. Ninguém é inatamente consumidor. A posição de uma pessoa na relação jurídica de consumo é que vai defini-la, incluindo-a, ou não, como consumidor. Alguém que compre uma máquina para uso próprio e outra para revender é consumidor na primeira hipótese e não o será na segunda situação. O raciocínio é simples.

No primeiro caso, há o destinatário final; no segundo, não. Assim, o entendimento de consumidor está vinculado a este aspecto.

2.5. Defesa do meio ambiente

A ordem econômica, como já ressaltado e componente da norma constitucional positiva, a ora anotada, busca, finalisticamente, assegurar a toda coletividade de pessoas uma existência digna. O mesmo texto constitucional fez ingressar, em seu conjunto normativo, regras específicas acerca do meio ambiente, entendendo-o "essencial à sadia qualidade de vida" (art. 225). Por isso, entre o exercício da ordem econômica e o meio ambiente há um ponto de contato, que os obriga à coordenação, que é a garantia da coletividade a uma existência digna, sanitariamente respeitável. Deste modo, aparecer a *defesa do meio ambiente* como princípio norteador do exercício da ordem econômica nada mais é que a resultante natural.

Há, por isso, compreensões a serem definidas. A expressão *meio ambiente*, sem qualquer explicitação, pouco diz, porque o meio ambiente sempre existe, com boa ou má qualidade. Entendê-lo, porém, elipticamente, deixa evidenciado que se pretende um meio ambiente adequado à existência do homem e dos animais, com respeito à flora e à fauna. Nos termos constitucionais, meio ambiente é o "ecologicamente equilibrado" (art. 225). Assim, quando se fala em *defesa do meio ambiente* se está pensando no meio ambiente qualitativamente qualificado, protegido por medidas administrativas de qualquer dos entes federativos e, identicamente, por todos da coletividade. Este é o meio ambiente que interessa ser anotado.

A Carta de 1.988, a que primeiramente enfrentou a matéria com profundidade, deu devida categorização jurídica ao direito ao meio ambiente, titularizando-o. Trata-se de *bem de uso comum do povo* e, como tal, irrenunciável, indisponível e inderrogável. O Estado deve agir para garanti-lo na extensão e conteúdo indicados na legislação, constitucional e subconstitucional. Inclusive, elevou o Ministério Público à condição de promover medidas - inquérito civil e ação civil pública - para proteger o meio ambiente (art. 129, III, da CF). Este direito, patrimônio de todos, é elemento a ser usado, de forma coordenada, com os demais princípios que impulsionam a atividade econômica.

O que se pode, mais abrangentemente, definir como meio ambiente? É tudo aquilo que, estando em nosso redor, significam fatores naturais e artificiais, ou culturais, influenciando nossa existência e qualidade de vida. A Lei nº 6.938, de 31 de agosto de 1.981, que dispõe sobre a Política Nacional do Meio Ambiente, tem o seguinte entendimento - "Meio Ambiente: o conjunto de condições, leis, influências e interações de ordem física, química e biológica, que permite, abriga e rege a vida em todas as suas formas" (art. 3º, I). A qualidade ambiental direcionada à qualidade da vida relaciona-se à segurança, saúde, bem-estar de todos, garantindo condições estéticas e sanitárias favoráveis, possibilitando atividades sociais e econômicas positivas e respeitando a biota.

A doutrina especializada tem buscado enfrentar a questão conceitual concernente ao tema em exame. José Afonso da Silva (1.994, p. 2) afirma: "O meio ambiente é, assim, a interação do conjunto de elementos naturais, artificiais e culturais que propiciem o desenvolvimento equilibrado da vida em todas as suas formas". Diogo de Figueiredo Moreira Neto (1.992, p. 385) ressalta: "A disciplina jurídica dos espaços planetários, seja para preservá-los em sua natureza, seja para ocupá-los de forma mais racional e sadia para o homem, conforma o ramo mais novo de nossa disciplina, que é o *Direito Administrativo Ambiental* ou, mais sinteticamente, *Direito Ambiental...*"

A defesa do meio ambiente, elencada como princípio a ser observado no exercício da atividade econômica, é forma de se obstaculizar que tal atividade provoque degradação ambiental, com reflexos na qualidade de vida de todos. O estabelecimento de uma indústria, em que devem ser utilizados agentes patogênitos suscetíveis de poluírem o meio ambiente, por exemplo, exige medidas prévias para haver a necessária adequação e obstáculo da influência devastadora dos agentes poluentes. A própria Constituição cria uma medida prévia a ser usada na hipótese: o EIA ("estudo prévio de impacto ambiental", art. 225, § 1º, IV). Daí, a Resolução CONAMA - Conselho Nacional do Meio Ambiente - nº 001, de 23 de janeiro de 1.986, dispor, para licenciamento de atividades modificadoras do meio ambiente, acerca da elaboração prévia do RIMA - Relatório do Impacto Ambiental (art. 2º).

2.6. Empresa de pequeno porte

A Constituição de 1.988, em sua redação original, distinguia duas categorias de empresas: a *brasileira* e a *brasileira de capital nacional*. Aquela era a que, em sua constituição, satisfazia dois pressupostos, um de regência e outro de localização. Deveria a empresa ser formada sob a disciplina das leis brasileiras: atos constitutivos de acordo com a legislação aborígene e tê-los inscritos no registro público peculiar. Era o requisito de regência. Além deste, deveria a empresa ter sede e administração no território brasileiro. Era o pressuposto de localização. Bastavam estes dois requisitos para se configurar a *empresa brasileira*, como ditada pelo artigo 171, I, da CF. Assim, haveria empresa brasileira mesmo que os sócios não fossem brasileiros e que o capital formador da empresa fosse estrangeiro.

A denominada *empresa brasileira de capital nacional* também tinha que atender os pressupostos de regência e de localização e, em complemento, satisfazer o requisito de ser de *capital nacional*. O texto constitucional definia-a no inciso II do artigo 171, salientando dois dados essenciais: o controle efetivo deveria estar, em caráter permanente, entregue direta ou indiretamente a pessoas físicas residentes e domiciliadas no País, ou a entidades de direito público interno; e se entendendo como controle efetivo a titularidade da maioria do capital votante e o exercício, de fato e de direito, do poder de decisão para gerir as atividades da empresa. A satisfação deste conjunto de requisitos, ou pressupostos, é que configurava a empresa brasileira de capital nacional.

O inciso IX do artigo 170, ora em comento, só beneficiava com tratamento favorecido a empresa brasileira *de capital nacional*, desde que de pequeno porte. A Emenda Constitucional nº 6/95 operou duas sensíveis alterações. Em seu artigo 3º, revogou todo o artigo 171, o que passou a significar a abolição da divisão classificatória das empresas. Quanto ao inciso IX, modificou a redação, direcionando o tratamento favorecido "para as empresas de pequeno porte constituídas sob as leis brasileiras e que tenham sua sede e administração no País". A simples comparação que se faça indica que o tratamento beneficiado passou a tutelar o que o texto constitucional anterior afigurava como empresa brasileira.

Em conseqüência desta alteração, Américo Luis Martins da Silva (*Opus cit.*, p. 84) enfatiza que "a Emenda Constitucional nº 6, de 15-8-95, acabou com o tratamento diferenciado entre empresas brasileiras de capital nacional e empresas brasileiras de capital estrangeiro". Da mesma forma, desimporta para efeito do tratamento beneficiado que haja, ou não, controle efetivo, resultante do controle acionário e do exercício do poder de decisão para gerir a atividade empresarial, entregue a brasileiros ou a empresas de direito público interno, como dizia a norma constitucional revogada. Trata-se, portanto, de uma alteração profunda, buscando captar o capital estrangeiro.

Existe uma outra questão, no que respeita à qualificação da empresa como de *pequeno porte*. A Lei nº 7.256/84, para efeito de tratamento diferenciado, define a *microempresa* como aquela pessoa jurídica ou firma individual, cuja receita bruta anual for igual ou inferior ao valor nominal de 10.000 OTNs (art. 2º). Este entendimento foi recepcionado pela Carta de 1.988, em seu artigo 47, § 1º, do ADCT. Entretanto, não-obstante a semelhança terminológica entre *microempresa* e *empresa de pequeno porte*, não há sinonímia entre ambas a identificá-las na mesma categoria jurídica. O artigo 179 da Constituição, ao falar em microempresas e empresas de pequeno porte, impõe a desassemelhação entre as duas.

O que é, porém, empresa de pequeno porte? O artigo 179 da Constituição diz que, tanto as microempresas como as empresas de pequeno porte, serão definidas em lei, considerando critérios que a própria lei indicará. Na falta de definição legal e enquanto o legislador ordinário se omitir, poderá ser tomado por empréstimo o que é normatizado no § 1º do artigo 47 do Ato das Disposições Constitucionais Transitórias, em que se consideram "pequenas empresas as pessoas jurídicas e as firmas individuais com receita anual de até vinte e cinco mil obrigações do Tesouro Nacional". Este *empréstimo* valeu até 28 de março de 1.994, quando foi editada a Lei nº 8.864 que definiu, como *empresa de pequeno porte*, a pessoa jurídica e a firma individual que não enquadradas como microempresas tiverem receita bruta anual igual ou inferior a setecentas mil Unidades Fiscais de Referência - UFIR, ou qualquer outro indicador de atualização monetária que venha a substituí-la" (art. 2º, II), certo de que a microempresa é a que tem a receita bruta anual de até duzentas e cinquenta mil UFIRs (art. 2º, I).

3. Artigo 172

A lei diciplinará, com base no interesse nacional, os investimentos de capital estrangeiro, incentivará os reinvestimentos e regulará a remessa de lucros.

3.1. Observações iniciais

A regra contida no artigo 172, ora anotado, se caracteriza por ser recepcionante. Não obstante as Constituições anteriores não tivessem dispositivo assemelhado ao ora em exame, havia legislação infraconstitucional tratando da matéria. Constitucionalizado o tema, o primeiro efeito da norma constitucional foi de recepcionar a legislação hierarquicamente inferior existente. Assim, por força da regra constitucional, até que haja revogação explícita ou implícita, estão em vigor a Lei nº 4.131, de 3 de setembro de 1.962, alterada pela Lei nº 4.390, de 29 de agosto de 1.964, e o Decreto nº 55.762, de 17 de novembro de 1.965, que as regulamentou. É nestes diplomas que se vai buscar, com especificidade, o conteúdo do regramento constitucional.

A regra constitucional, além de recepcionar, cria um pressuposto essencial para que as faculdades nela

Nota
O Artigo 171 foi revogado pela Emenda Constitucional nº 6, de 15.8.95.

previstas se estruturem como direitos públicos subjetivos dos estrangeiros: o *interesse nacional*. Em outras palavras, a lei ordinária que trata, ou vier a tratar, da matéria só estará conforme ao texto constitucional, quanto a investimentos, reinvestimentos e remessa de lucros, quando com base no interesse nacional. A dificuldade inicial é se articular, com razoabilidade, o que se tem por interesse nacional. Fáceis são as exclusões que se desenham estranhas ao interesse nacionalizado. Assim, o interesse que se qualifique como individual, ou o interesse simplesmente de grupos, rejeitam a compreensão extraível do interesse nacional.

Temos como interesse nacional aquele que satisfaça, de um lado, o interesse de toda população não como um conjunto de interesses individuais, mas como um interesse peculiar à coletividade, e, de outro, interesse que atenda aos objetivos fundamentais da República indicados no artigo 3º da CF e observados os princípios elencados em seu artigo 4º, notadamente o da independência nacional, o da autodeterminação dos povos e o da cooperação para o progresso da humanidade (incs. I, III e IX). Onde o investimento, reinvestimento ou remessa de lucros se atritar, seja com os objetivos da República, seja com os princípios referidos *supra*, não há válido interesse nacional e, conseqüentemente, inexistente o suporte fático da norma magna.

Tecnicamente, inconfundíveis as figuras de *investimento*, de *reinvestimento* e de *remessa de lucros*, as três modalidades indicadas na norma constitucional. *Investir* capital estrangeiro é se aportar para a atividade econômica brasileira dinheiro estrangeiro, ou o que possa ser avaliado em dinheiro. É o ingresso na economia nacional de recursos financeiros, monetários ou de outros bens avaliáveis em dinheiro, pertencentes a pessoas físicas ou jurídicas residentes, domiciliadas ou com sede em outro País. Todo investimento significa circulação de ingressos do Exterior para a economia nacional. Uma espécie fática de importação. Logicamente que é estranho ao investimento o que ingressar na economia nacional por força de negociações internacionais e que representam uso de divisas nacionais.

O capital estrangeiro investido produz, ou deve produzir, rendas em benefício do investidor. Três caminhos, em tese, tem o investidor quanto à renda. Remetê-la de volta para o Exterior, reaplicá-la na empresa que gerou o rendimento ou alimentar o desenvolvimento nacional, fazendo ingressá-la em outra empresa nacional. As duas últimas situações, ambas significando novos recursos para o desenvolvimento econômico do País, retratam a figura do reinvestimento. *Reinvestir*, portanto, significa utilizar os frutos, juros, rendimentos ou rendas de capital investido para novos investimentos, não importando se na mesma empresa ou em outra. Na Constituição se diz que a lei ordinária *incentivará* os reinvestimentos, assim como *disciplinará* os investimentos. Mais adiante, se buscará examinar conteudisticamente o que significam *disciplinar* e *incentivar*.

A remessa de lucros *será regulamentada*. Em tese, o que o capital investido, ou mesmo reinvestido, significar de lucros, que são os frutos civis do capital percebíveis periodicamente, pode voltar ao Exterior, para o titular do capital. Aqui, a representação se equipara a lucros exportados, circulando para fora do País, em retorno. A remessa de lucros é direito subjetivo do estrangeiro, mas como à lei ordinária foi delegada a atribuição de regulamentá-la, o direito do estrangeiro não é absoluto nem ilimitado. A lei pode limitar. A norma constitucional do artigo 172, por isso, é norma de eficácia contida, ou de eficácia redutível ou restringível (Maria Helena Diniz, 1.992, p. 101).

3.2. Investimentos

O artigo ora anotado diz que a lei, no caso ordinária, "disciplinará ... os investimentos de capital estrangeiro". Para o bom entendimento desta regra constitucional, algumas questões devem ser enfrentadas. Qual o conteúdo, não lexicológico mas jurídico, deste *disciplinará*? O que o legislador infraconstitucional está autorizado a dispor, sem invadir delegação não autorizada? De outro lado, embora já tenha havido uma rápida compreensão do que seja investimento, qual o conteúdo ou conceito extraível da Lei nº 4.131/62, quanto à configuração de capital estrangeiro? Damos prioridade de exame - e com isto, preferenciando - ao estudo que levará à compreensão mais exata do *disciplinará*.

O sentido gramatical pode levar a uma orientação parcial. *Disciplinar* é submeter à observância de um determinado regulamento. Este sentido está presente no tema, mesmo porque toda lei regulamentadora exige respeito e obediência. Esta compreensão, porém, é insuficiente porque não indica o conteúdo da norma disciplinadora e, sim, o seu efeito cogente. Seria, por exemplo, disciplinar o dispor acerca de regras para captar o capital estrangeiro, atraindo-o, ou, ao contrário, regrar princípios com o objetivo de obstaculizar, ou dissuadir, pretendentes a investir? Na primeira hipótese, se partiria da idéia de que o capital estrangeiro é bem-vindo ao País e, na segunda, que ele é negativo. Toda questão a resolver está neste ponto investigativo.

A Carta de 1.988 tem orientação neoliberalista, adequando-se à participação do capital estrangeiro na atividade econômica nacional. O *disciplinará*, por isso, não pode ter como conteúdo a indicação de normas que pudessem servir de obstáculos ao ingresso do capital estrangeiro em nossa ordem econômica. A disciplina objetivada é de controle. Com fulcro no princípio básico do interesse nacional, o que o legislador pode e deve fazer é limitar o ingresso do capital estrangeiro tendo como condicionante o interesse nacional. Eros Roberto Grau (*Opus cit.*, pp. 270/271) diz que o artigo 172 da CF "apenas impõe ao legislador ordinário o dever de privilegiar o interesse nacional ao discipliná-lo".

O que é, porém, capital estrangeiro para efeito de regulamentação legal? A sua configuração se dá em conseqüência de três requisitos, ou critérios: a *origem*, a *destinação* e o *objeto*. Com efeito, a Lei nº 4.131/62 indica, como requisito inicial aferidor de capital estrangeiro, que tal capital pertença a pessoas físicas residentes e domiciliadas no Exterior ou a pessoas jurídicas com sede, identicamente, no Exterior (art. 1º). Etiologicamente, o capital estrangeiro se define pela residência, sede ou domicílio do titular do patrimônio investido. O que chama a atenção e se enfatiza no presente momento é que desimporta ao conceito a nacionalidade do investidor. Não é capital estrangeiro o proveniente de estrangeiro residente e domiciliado no País, mas o será o de brasileiro residente e domiciliado fora do Brasil.

A destinação, ou finalidade, do capital estrangeiro também é elemento identificador. O mesmo artigo 1º da Lei nº 4.131/62 fala em capitais estrangeiros "destinados à produção de bens e serviços" e "introduzidos no país, para aplicação em atividades econômicas". Mesmo a utilização de capital estrangeiro em atividades relativas a bens e serviços de consumo suntuário é satisfação do segundo critério, podendo, isto sim, resultar em limitação de remessa de lucros para o Exterior (art. 2º da Lei nº 4.390/64). Celso Ribeiro Bastos (*Opus cit.*, p. 66) chama a esta hipótese de *seletividade econômica de investimentos*. Assim, o elemento básico aferidor do capital estrangeiro, quanto à destinação, é ingressar na atividade econômica nacional.

O capital estrangeiro pode significar, outrossim, quaisquer bens, máquinas ou equipamentos, desde que entrados no Brasil "sem dispêndio inicial de divisas" (art. 1º da Lei nº 4.131/62). A ressalva é lógica. O haver dispêndio de divisa vem a estruturar simples ato de importação, com fundamento em ato negocial, em que o capital usado não é estrangeiro. Neste sentido, bens, máquinas e equipamentos não têm nacionalidade para efeito do artigo 172, ora em comento. Ademais, também são configurativos de capital estrangeiro, desde que satisfeitos os dois primeiros critérios já enfatizados, recursos financeiros ou monetários introduzidos no território nacional.

O controle tem pretensão à rigidez, para se garantir a compatibilização com o interesse nacional. O início do controle se dá com o ingresso do capital estrangeiro. Com efeito, havendo ingresso de capital estrangeiro no País, o interessado deverá requerer, no prazo de trinta dias, o registro do investimento estrangeiro na Superintendência da Moeda e do Crédito - SUMOC -, qualquer que seja a forma de ingresso (art. 3º da Lei nº 4.131/62), efetuando-se o registro na moeda do país de onde se originaram e, tratando-se de bens, pelo preço no país de origem ou, na falta, "segundo os valores apurados na contabilidade da empresa receptora do capital, ou ainda pelo critério de avaliação" (art. 4º).

O registro de tais dados deverá manter-se atualizado, sendo as empresas obrigadas a prestar informações que lhes sejam solicitadas (art. 6º). Qual o objetivo do registro? É de se fazer uma espécie de anotação contábil a ser utilizada posteriormente, porque também na SUMOC se registrarão todas as remessas feitas para o Exterior como retorno de capitais e como rendimentos, lucros, juros, etc. Identicamente, anotam-se na Superintendência da Moeda e do Crédito os reinvestimentos dos lucros dos capitais estrangeiros (art. 3º, "b" e "c", da Lei). O confronto de todos estes dados e de outros contidos na lei demonstra a efetividade do controle, para impedir fraudes.

3.3. Reinvestimentos

Conforme enfatizado anteriormente, o reinvestimento resulta de rendimentos de capital estrangeiro investido e que, por opção dos interessados, ou permanece na própria empresa ou ingressa em outra nacional, iniciando novo processo de investimento. É, qualquer que seja a hipótese, realimentação ou inaplicação na economia nacional daquilo que, em tese, poderia significar remessa para o Exterior. O artigo 7º da Lei nº 4.131/62, com a redação dada pela Lei nº 4.390/64, conceitua com exatidão: são reinvestimentos "os rendimentos auferidos por empresas estabelecidas no país e atribuídos a residentes e domiciliados no exterior, e que forem reaplicados nas mesmas empresas de que procedem ou em outro setor da economia nacional".

Estes reinvestimentos também são, como já dito anteriormente, registrados na SUMOC. Mesmo que os rendimentos ocorram em pessoa jurídica com sede no Brasil, porém filiada a empresas estrangeiras controladas por maioria de ações titularizadas em pessoas físicas ou jurídicas com residência ou sede no Exterior, o registro na SUMOC é devido, como se lê no parágrafo único do artigo 3º da Lei nº 4.131/62. O registro em qualquer dos casos será feito, simultaneamente, "em moeda nacional e na moeda do país para o qual poderiam ser remetidos, realizada a conversão à taxa cambial do período durante o qual foi comprovadamente efetuado o reinvestimento" (art. 4º da Lei)

Diz o artigo 172 em anotação que a lei ordinária *incentivará* os reinvestimentos. Este aspecto e objetivo incentivador é corolário de ser o capital estrangeiro compatível com o interesse nacional, bem-vindo no País, mesmo porque conforme à orientação neoliberal. *Incentivar* é criar condições diferenciadas e mais favoráveis como meio de persuasão, ou atração, a que o investidor estrangeiro, com direito a rendimento, o reaplique na economia nacional, optando por esta solução mais favorável a nosso interesse. Assim compreendido, as leis ordinárias recepcionadas deixam muito a desejar.

3.4. Remessa de lucros

Expressamente, o artigo ora em comento defere à lei ordinária a regulamentação acerca da remessa de lucros. A palavra *lucros* está no texto constitucional no sentido genérico, englobando outras situações que não são adequadas com exatidão a lucros. Na verdade, a remessa concerne, em tese, ao *plus* que se acresce ao capital. Assim, pela Lei nº 4.131/62, em seu artigo 3º, há uma extensão mais conforme à regulação do benefício: são lucros, dividendos e juros, que têm a mesma raiz explicativa de significar frutos percebidos. E não só nestas situações. Também as amortizações de empréstimos feitos no Exterior, *royalties* e até a contraprestação pela assistência técnica, científica, administrativa e semelhantes. Tudo se inclui no direito do estrangeiro de remeter tais valores para o Exterior.

O ato de remessa depende de fiscalização. Os interessados deverão justificar a remessa perante a Superintendência da Moeda e do Crédito - SUMOC - e a Divisão do Imposto de Renda, apresentando contratos e documentos que se fizerem necessários. As remessas, por exemplo, relativas à assistência técnica, científica, administrativa e outras, dependem, quando necessário, da verificação e apuração, pela SUMOC, de que a assistência efetivamente ocorreu. A Divisão do Imposto de Renda atua para verificar o que diz respeito ao pagamento do aludido imposto. Inclusive, dependendo do valor dos lucros e dividendos a serem remetidos para o Exterior, há imposto suplementar de renda a pagar, conforme regrado no artigo 43 da Lei nº 4.131/62, com a redação dada pela Lei nº 4.390/64.

4. Artigo 173

Ressalvados os casos previstos nesta Constituição, a exploração direta de atividade econômica pelo Estado só será permitida quando necessária aos imperativos da segurança nacional ou a relevante interesse coletivo, conforme definidos em lei.
§ 1º A empresa pública, a sociedade de economia mista e outras entidades que explorem atividade econômica sujeitam-se ao regime jurídico próprio das empresas privadas, inclusive quanto às obrigações trabalhistas e tributárias.
§ 2º As empresas públicas e as sociedades de economia mista não poderão gozar de privilégios fiscais não extensivos às do setor privado.
§ 3º A lei regulamentará as relações da empresa pública com o Estado e a sociedade.
§ 4º A lei reprimirá o abuso do poder econômico que vise à dominação dos mercados, à eliminação da concorrência e ao aumento arbitrário dos lucros.
§ 5º A lei, sem prejuízo da responsabilidade individual dos dirigentes da pessoa jurídica, estabelecerá a responsabilidade desta, sujeitando-a às punições compatíveis com sua natureza, nos atos praticados contra a ordem econômica e financeira e contra a economia popular.

4.1. Serviços

Em princípio, o serviço que se caracterize como público deve ser prestado, diretamente, pelo Estado ou, indiretamente, através de concessionário ou permissionário (art. 175 da CF). Ao contrário, o serviço que não se categorize como público pode ser exercido por particular, ressalvadas situações de exceção a serem examinadas mais adiante. Há, portanto, antes de enfrentar qualquer outra questão, um exame a ser feito inicialmente. O que é *serviço público* e, conseqüentemente, o que não se classifica como tal. Esta diferenciação se afigura como fundamental, notadamente para identificação daqueles serviços que enchem o conteúdo da atividade econômica, se e enquanto prestada no setor privado. De momento, porém, o relevante é saber o que é serviço público.

À categorização do serviço como público, ou não, desimporta a personalidade pública de seu prestador. Há serviços públicos prestados por pessoas jurídicas de natureza privada como há serviços privados exercidos por pessoa jurídica de direito público. Na primeira hipótese, se exemplifica com as concessões e permissões; na segunda, nas exceções indicadas pelo artigo ora comentado - "aos imperativos da segurança nacional ou a relevante interesse coletivo". Assim, o elemento subjetivo que comparece nas situações normais não tem presença nas situações de exceção. O elemento que se tem por essencial à compreensão do serviço público é outro. É o substancial, significando seu conteúdo e finalidade.

Na área da substancialidade, o serviço público se configura por seu objetivo ou finalidade. Com efeito, para que haja serviço público deve ele satisfazer as necessidades básicas essenciais ou mesmo secundárias de toda comunidade, considerando-se o interesse coletivo. O vínculo da prestação como serviço público à necessidade coletiva está presente nos serviços de segurança, polícia, saneamento, etc. No transporte coletivo, a necessidade pode ser até considerada secundária e mesmo satisfazendo um conjunto de necessidades individuais, mas o interesse do homem e, por isso, interesse comum, está presente. Também, nesta última hipótese, está configurado o serviço público. A finalidade prepondera na conceituação.

O serviço, se e enquanto categorizado como público, deve atender, entre outros princípios, aos da continuidade e generalidade. É serviço *contínuo* porque, satisfazendo necessidades coletivas, injustificável fosse prestado em intervalos, paralisando-se durante algum tempo. As necessidades impõem a prestação permanente. É serviço, outrossim, de destinação *geral*, porque não busca atender às necessidades de alguns, mas de todos, sem distinção a qualquer título. Em termos de serviço público, a isonomia dos usuários é a mais absoluta possível. Outros princípios existem mas, de momento, devem ser enfatizados somente estes dois.

A doutrina, ao conceituar serviço público, nem sempre insere no conceito tais princípios, examinando-os separadamente. Hely Lopes Meirelles (1.987, p. 289) é um deles: "*Serviço público* é todo aquele prestado pela Administração ou por seus delegados, sob formas e controles estatais, para satisfazer necessidades essenciais ou secundárias da coletividade, ou simples conveniências do Estado". Diogo de Figueiredo Moreira Neto (*Opus cit.*, p. 317) define mais abrangentemente: "Atividade da Administração que tem por fim assegurar, de modo permanente, contínuo e geral, a satisfação de necessidades essenciais ou secundárias da sociedade..."

Há uma conotação do serviço público que deve ser ressaltada. A atividade prestada, normalmente pela administração pública, não é uma prestação que se qualifique como sendo de favor. Presta-se a atividade cogentemente, porque é atribuição que deve ser exercida presente a necessidade coletiva. Esta compreensão afasta o entendimento de que, para a coletividade como destinatária, a prestação do serviço público seria facultativa, não havendo direito a ela. Qualquer pessoa do povo pode exigir a prestação do serviço público porque, na organização estatal, é uma obrigação da Administração Pública e um direito da pessoa qualificável como direito público subjetivo. Esta é a conotação complementar do serviço público.

Os serviços que não se categorizem como públicos são particulares e se incluem no que se entende por atividade econômica. Tais serviços, mesmo que particulares, também satisfazem necessidades humanas e coletivas. Uma indústria de computadores e uma fábrica de vestuário estão vinculadas à satisfação de necessidades do homem. Isto é indiscutível. Em que se diferenciam, porém, dos serviços públicos, que também satisfazem necessidades humanas? Tudo gira em volta da lei constitucional. Quando da organização do Estado, a Constituição reserva certos serviços como públicos (arts. 21, incisos X a XII, 25, § 2º, e 30, V). Os demais, que têm fins lucrativos, são os privados. Os serviços públicos são elencados no texto constitucional, mesmo porque se integram na competência constitucional dos entes federativos.

4.2. Atividade econômica

As atividades econômicas, isto é, a prestação de serviços de natureza privados, se localizam na área da iniciativa privada. Tudo, porém, com base em um critério de preponderância, isto porque a própria Constituição indica exceções. Na regra geral, o Estado não deve atuar na exploração direta da atividade econômica, afora três situações excepcionais: a) a exploração por entidades paraestatais; b) quando se fizer necessária "aos imperativos da segurança nacional e a relevante interesse coletivo"; c) na hipótese de monopólio (art. 177,V, da CF, "a pesquisa, a lavra, o enriquecimento, o reprocessamento, a industrialização e o comércio de minérios e minerais nucleares e seus derivados").

As entidades paraestatais são as empresas públicas, as sociedades de economia mista e os serviços sociais autônomos. Prolongamentos do poder público, tais entidades exploram, ou podem explorar, atividades econômicas em princípio livres à iniciativa privada. Ressalta-se, porém, que, não obstante as empresas públicas e as sociedades de economia mista integrarem a administração pública indireta, ambas são pessoas jurídicas de direito privado (art. 5º, II e III, do Dec.-Lei nº 200/67, e § 1º do artigo ora anotado). Os serviços sociais autônomos - SESI, SENAI, SESC, SENAC, etc. - caracterizam-se como entes de cooperação ao Poder Público e, identicamente, dotados de personalidade jurídica de direito privado (Meirelles. *Opus. cit*, p. 315).

As *sociedades de economia mista* se definem pelos atos constitutivos. São sociedades por ações, ou sociedades anônimas, criadas por lei para o fim de explorar atividade econômica. O pressuposto é que a maioria das ações com direito a voto pertença à União ou à entidade da administração indireta, ou aos demais entes federativos. O controle acionário e da administração ser do poder público, administração direta ou indireta, são os sinais que as caracterizam. Tratando-se, porém, de sociedade de economia mista que tenha por objeto explorar atividade sob regime de monopólio estatal, a maioria acionária deverá ser titularizada, obrigatoriamente e em caráter permanente, pela União (art. 5º, III, e § 1º, do Dec.-Lei nº 200/67).

Ao contrário, as *empresas públicas* podem se constituir por qualquer das formas admitidas em direito, sendo o seu capital exclusivamente do Poder Público. É, como já visto, pessoa jurídica de direito privado com patrimônio próprio, obviamente autônoma, mas com a integralidade de seu capital pertencente à administração pública direta. Como conseqüência, o gerenciamento administrativo de tais empresas está entregue ao titular de seu capital. O artigo 5º do Decreto-Lei nº 900/69 dispõe que, nas empresas públicas, possa haver a participação de outras pessoas de direito público interno, desde que a maioria do capital votante se mantenha com a União.

Tanto as sociedades de economia mista como as empresas públicas, se e enquanto explorarem atividade econômica, não gozarão de privilégios fiscais que não alcancem o setor privado (§ 2º) e estão sujeitas "ao regime próprio das empresas privadas, inclusive quanto às obrigações trabalhistas e tributárias" (1º). Porém, mais adiante, é normatizado que "a lei regulamentará as relações da empresa pública com o Estado e a sociedade"(§ 3º). Reafirma-se, sem qualquer dúvida, que as empresas públicas e as sociedades de economia mista são dotadas de personalidade jurídica de direito privado. Contudo, a natureza jurídica de cada uma, ressaltadas as relações da empresa pública com o Estado, é diferenciada.

O fato de a empresa se qualificar como pública, a circunstância do capital ser exclusivamente público e, notadamente na hipótese de a empresa prestar também ou exclusivamente serviço público, haver uma conotação de direito público, realçada pela afetação pública que envolve a atividade prestada, não traduz adequadamente a personalidade de direito privado de que é dotada. Tem razão, por isso, Celso Ribeiro Bastos (*Opus cit.*, p. 91), quando diz: "Esta qualidade de pessoa regida pelo direito privado não esconde a verdade fundamental de que, no mais das vezes, é tão-somente uma capa externa que reveste uma pessoa jurídica, cujos fins últimos e natureza íntima são mesmo públicos".

O tema concernente à natureza jurídica das empresas públicas não é de fácil solução. Uma pesquisa no direito comparado indica, desde logo, a sua ineficiência porque, também no direito alienígena, há disparidades conceituais. Luis S. Cabral de Moncada (1988, pp. 188/192) diz que, em Portugal, a noção de empresa pública é legal: a) as *criadas* pelo Estado com capital exclusivo da administração pública e com personalidade jurídica distinta do Estado; b) as empresas *nacionalizadas*, isto é, as que já existiam como sociedades empresariais, com personalidade jurídica de direito privado, e que se transformaram em empresas públicas por ato legislativo de nacionalização.

Configurando juridicamente as empresas públicas - sejam as institucionalizadas, empresas públicas desde sua criação, sejam as nacionalizadas, empresas públicas a partir da nacionalização -, o mestre lusitano conclui: "Efetivamente, a personalidade jurídica de direito público assume face ao nosso direito uma importância essencial para a caracterização da figura jurídica da empresa pública"(pág. 189). Sem possibilidade de utilização no direito brasileiro de conceitos legais que conflitam com nosso direito positivo, visto que a personalidade jurídica de direito público advinda da lei portuguesa (Decreto-Lei nº 260/76) não tem a mesma orientação normativa de nosso Decreto-Lei nº 200/67.

No direito incidente na comunidade européia, a compreensão de empresa pública é bem mais ampla que a formada pelo direito brasileiro. Ela é pública pelo fato de o poder público, fática e juridicamente, exercer sobre ela o poder de decisão. Daí, secundário que o capital das empresas públicas seja exclusivamente do poder público. O que importa é o poder público deter a maioria do capital ou dos votos e, conseqüentemente, o controle acionário para influenciar nas decisões. Assim compreendida, a empresa pública estaria integrando em seu conceito as sociedades de economia mista, não servindo, por isso, de meio utilizável buscado no exterior para desvendar nossa específica realidade.

Só a lei brasileira, cumprindo a autorização-determinação contida no § 3º do artigo em anotação, é que abrirá luzes neste difícil tema referente às empresas públicas. Enquanto tal inocorrer, a única certeza que se pode ter é que tais empresas são dotadas de personalidade jurídica de direito privado, tendo tratamento isonômico às demais empresas privadas. Contudo, permanece no ar, em busca de solução, a medida da diferença, quanto à personalidade, relativamente às sociedades de economia mista. Se ambas são iguais quanto à natureza jurídica, não há explicação porque não são unificadas num só instituto jurídico.

A atividade econômica afeta à iniciativa privada também pode ser exercida pelo Estado, se presentes imperativos de segurança nacional ou relevante interesse coletivo, ambos definidos em lei. A causação para que o Poder Público atue em setor privado deixa claro, por se tratar de segurança nacional e de relevante interesse coletivo, que, onde se lê na norma ora anotada a palavra Estado, deve se compreendê-la como União, exclusivamente (Bastos. *Opus cit.*, p. 76). Conseqüentemente, a lei que definirá as circunstâncias básicas para a atividade excepcional do Estado é *lei federal*, que cumpra o processo legislativo constitucional.

4.3. Abuso do poder econômico

O que configuraria, na área da atividade econômica, o abuso do poder econômico? Ingressa na compreensão de abusivo tudo que ultrapassar a regularidade ou normalidade. Abuso é o excesso, o *plus*, caracterizante da irregularidade. Em linhas gerais, como já enfatizado anteriormente, o exercício da ordem econômica obedece, entre outros, aos princípios arrolados no artigo 170 da CF, já anotados. A infringência a tais princípios é vulnerante da própria ordem econômica, qualificando-se, por isso, tal conduta como abuso do poder econômico. Este conceito é globalizante, porque atende a todas as nuances possíveis do exercício da atividade econômica. Trata-se, por isso, de definição ampla e abrangente.

O abuso do poder econômico de que trata o § 4º do artigo ora em comento não é globalizante; é restrito e específico a somente um princípio - livre concorrência - e a um fundamento da ordem econômica - livre iniciativa. Nem por isso se pode entender que a Constituição se olvida da repressão ao abuso do poder econômico quanto aos demais princípios. A defesa do consumidor aparece como garantia constitucional (art. 5º, XXXII, da CF) e, em sede de normatividade infraconstitucional, há o Código de Defesa do Consumidor (Lei nº 8.078/90). A defesa do meio ambiente está explicitada no artigo 225 e seus diversos parágrafos e incisos. E, assim, todos os demais princípios.

Por isso, no que interessa de momento, para anotação à norma que trata das condutas abusivas ao poder econômico referidas ao artigo comentado, o conceito que importa é o restrito. Aquele que objetive a dominação dos mercados, a eliminação da concorrência ou o aumento arbitrário dos lucros. São três condutas que se entrelaçam, coordenando-se para a infração, mas que, na configuração infracional, podem ser vistas destacadamente, bastando uma só delas para haver a repressão. No impedimento à dominação dos mercados, se está em defesa da livre iniciativa, porque há tentativa de monopolização ou oligopolização. Na eliminação da livre concorrência, busca-se evitar e extinguir a competitividade, elemento básico na formação razoável dos preços. No aumento arbitrário de lucros, defende-se a eqüidade empresarial.

J. Cretella Júnior (*Opus cit.*, p. 4.026) diz que "a lei a que se refere o § 4º do art. 173, reprimindo o abuso do poder econômico, é lei penal". Pensamos diferentemente e por uma razão básica. A simples leitura da norma que se contém no referido parágrafo não dá elementos para se interpretar restritivamente o normatizado. Já dizia Carlos Maximiliano (1.979, p. 246), que *ubi lex non distinguit nec non distinguere debemus* (onde a lei não distingue, não pode o intérprete distinguir). Falar a Constituição em *reprimirá* nada altera, porque se reprime também civilmente.

Em nosso entendimento, a lei de que se trata deve reprimir o abuso, quer como infração administrativa, quer como infração penal. A Lei nº 8.137, de 27 de dezembro de 1.990, tipifica como crime contra a ordem econômica "abusar do poder econômico, dominando o mercado ou eliminando, total ou parcialmente, a concorrência" (art. 4º, I). Já a Lei nº 8.884, de 11 de junho de 1.994, diz constituir infração de ordem econômica, de natureza administrativa, a conduta de "limitar, falsear ou de qualquer forma prejudicar a livre concorrência ou a livre iniciativa; dominar mercado relevante de bens ou serviços; aumentar arbitrariamente os lucros" (art. 20, I, II e III).

4.4. Responsabilidade

A regra do § 5º do artigo em anotação é, em seu primeiro sentido, explicitante e induvidosa. O fato de ser o dirigente da pessoa jurídica individualmente responsabilizado não significa ficar a pessoa jurídica isenta da responsabilidade. São duas responsabilidades independentes e autônomas que se somam. Não há exclusão ou excludência entre elas. O ser a *vontade* da pessoa jurídica um prolongamento da vontade da pessoa física do dirigente desimporta. Pune-se individualmente o dirigente e, em complemento, a pessoa jurídica infratora. Assim, por exemplo, responsabilizado administrativamente o diretor da empresa, nada impede que a própria empresa venha a ser administrativamente apenada. Há possibilidade jurídica na dupla apenação. A única ressalva ou limitação imposta é que a pessoa jurídica só possa ser apenada com sanções compatíveis, fática e juridicamente, com sua natureza de pessoa jurídica.

Esta compreensão é por demais clara e não gera qualquer dúvida. Acentua-se, porém, que a pessoa física do dirigente pode ser responsabilizado penalmente. A Lei nº 8.137/90, referida anteriormente, tem tipos penais que conduzem a pessoa física do dirigente à perseguição criminal. A indagação que se pode fazer é quanto poder haver, nesta hipótese, a responsabilidade penal da pessoa jurídica. Esta é uma das questões mais sérias em tema de direito penal, em polêmica existente não só no Brasil, mas no confronto de várias legislações do mundo. Seria possível a condenação da pessoa jurídica, aceitando-se o princípio de que a pessoa jurídica pode delinqüir?

O princípio *societas delinquere non potest* sempre teve a simpatia da doutrina e legislação brasileiras. Heleno Fragoso (*apud* Nelson Hungria, 1.978, pp. 628/631) sustenta-se, para negar a responsabilidade penal de tais pessoas, em que é pressuposto da responsabilidade criminal a atuação do sujeito (é pessoal) e ser ela subjetiva (dependente de culpa em sentido lato). Como a pessoa jurídica, argumenta, não é capaz de ação e de culpa, por não ter vontade própria, não há como se perquirir de sua responsabilidade penal. Contudo, o mesmo criminalista afirmava que, no direito francês, admitia-se-a em relação a delitos econômicos e fiscais. Inclusive, afirmava que, na Inglaterra e nos Estados Unidos, há casos de pessoas jurídicas acusadas de delitos contra a pessoa, inclusive homicídios.

Magalhães Noronha (1.985, p. 110, atualizada por Adalberto José Q. T. de Camargo Aranha) coloca-se contrariamente à responsabilidade penal das pessoas jurídicas, acentuando que lhes faltam imputabilidade, consciência e vontade, visto que os que por elas decidem são os seres humanos dirigentes. Ademais, apresenta um fundamento suplementar: "as penas de direito penal não lhes são adequadas". Na verdade, o impedimento seria duplo. Haveria impossibilidade subjetiva, porque sem culpa do agente não pode haver apenação e crime (*nullum crimen nullla poena sine culpa*), e impossibilidade sancionatória, visto que nem a pena de detenção nem a de reclusão são suscetíveis de serem aplicadas às pessoas jurídicas.

O argumento da impossibilidade sancionatória por inadequação da pena é facilmente afastado. As sanções penais são previstas em leis ordinárias, juntamente com os tipos criminais. Assim, bastaria que, ao se criminalizar uma conduta tendo como agente ativo a pessoa jurídica, se dispusesse acerca de penas adequáveis à sua condição ou, como diz o parágrafo ora em comento, "punições compatíveis com sua natureza". Ademais, a Constituição, ao determinar a regulação da individualização da pena, indica sanções perfeitamente aplicáveis à pessoa jurídica: perda de bens, multa, prestação social alternativa e suspensão e interdição de direitos (art. 5º, XLVI). A única incompatível é a da privação ou restrição da liberdade.

Temos, por isso, que o exclusivo fundamento razoavelmente válido a sustentar a *societas delinquere non potest* é o de que a responsabilidade penal é subjetiva, afirmando-se esta na vontade consciente. Este ponto, porém, está a merecer tratamento mais profundo, porque a responsabilidade penal já é responsabilidade no mundo do direito, tratado no conjunto de leis editadas. Antes destas, ainda no âmbito da natureza, tudo centrado no mundo fático, a responsabilidade era o que os fatos impunham. E, deste modo, sob esta visão natural, tudo girava no que podia se denominar de responsabilidade pelo fato em si.

A responsabilidade moderna é responsabilidade juridicizada. As linhas mestras e básicas definidoras da responsabilidade estão centradas no direito positivo. Só há responsabilidade penal a partir dos dezoito anos porque a lei assim normatiza, como poderia dispor que a imputabilidade começaria aos dezesseis anos. A responsabilidade é subjetiva porque a lei exige a presença do dolo, da culpa ou do preterdolo. A vontade é fundamental porque a exigência é legal. O que se quer dizer é que nenhuma erronia haverá se a lei entender, por relevante conveniência, que, em certas hipóteses, dispensa-se o dolo, a culpa ou qualquer outra forma de elemento subjetivo. A juridicização se dará nos limites orientados pela lei, que sempre deverá consultar a conveniência social.

Cesare Pedrazzi e Paulo José da Costa Jr. (1.973, pp. 27/29), embora ponham em dúvida seja a responsabilidade penal da sociedade medida de política criminal que se qualifique de eficaz, chamam a atenção que, se houver mutação dos dirigentes da sociedade, ela se manterá inalterada, economicamente a mesma. A simples perseguição criminal das pessoas físicas não alcança, como conseqüência, a sociedade que permanecerá livre de qualquer punição. Por isso, anotam: "A esta indiscutível responsabilidade econômica deveria fazer frente, segundo respeitável corrente doutrinária, a responsabilidade penal da pessoa jurídica enquanto tal: princípio que os ordenamentos anglo-saxões, com seu pragmatismo característico, adotaram de há muito".

Assim, a Constituição brasileira de 1.988 poderia normatizar acerca da responsabilidade penal das pessoas jurídicas. O § 5º do artigo ora anotado se orientou neste sentido, ao dizer que a lei "estabelecerá a responsabilidade desta (pessoa jurídica), sujeitando-a às punições compatíveis com sua natureza". O único problema é o da adequação sancionatória, considerando o rol de penas indicado pelo texto constitucional. A *vontade* necessária à ocorrência da responsabilidade subjetiva se baseia em uma ficção jurídica, como tantas outras ficções que existem no direito, entre as quais a de que o menor de dezessete anos, onze meses e vinte e nove dias não tem vontade criminalmente válida, enquanto um dia após a terá. Em interpretação sistêmica, considerada a regra do § 3º do artigo 225 da CF, a responsabilidade penal das pessoas jurídicas é por demais clara.

5. Artigo 174

Como agente normativo e regulador da atividade econômica, o Estado exercerá, na forma da lei, as funções de fiscalização, incentivo e planejamento, sendo este determinante para o setor público e indicativo para o setor privado.

§ 1º A lei estabelecerá as diretrizes e bases do planejamento do desenvolvimento nacional equilibrado, o qual incorporará e compatibilizará os planos nacionais e regionais de desenvolvimento.

§ 2º A lei apoiará e estimulará o cooperativismo e outras formas de associativismo.

§ 3º O Estado favorecerá a organização da atividade garimpeira em cooperativas, levando em conta a proteção do meio ambiente e a promoção econômico-social dos garimpeiros.

§ 4º As cooperativas a que se refere o parágrafo anterior terão prioridade na autorização ou concessão para pesquisa e lavra dos recursos e jazidas de minerais garimpáveis, nas áreas onde estejam atuando, e naquelas fixadas de acordo com o art. 21, XXV, na forma da lei.

5.1. Atuação estatal

Como vem se afirmando, a atividade econômica é própria da iniciativa privada que, a exercendo, encontrará o fim lucrativo. Da mesma forma, a atividade econômica, em algumas situações (sociedades de economia mista, empresas públicas, razões de segurança nacional ou de relevante interesse coletivo), será explorada diretamente pelo Estado. Este atua como agente econômico, num sistema de livre competição. Tais situações, pode-se dizer, são excepcionais e, comparativamente à iniciativa privada, um *minus*. Afora estas situações, o Estado não se coloca numa posição de simples expectador. Ao contrário, sempre terá uma atuação específica diante da atividade econômica, estando presente em todos os atos.

Qual seria esta atuação normal e contínua e, mais objetivamente, qual o conteúdo da atuação? Em tese, seria um agir disciplinante da economia. Genericamente, pode-se afirmar que a atuação do Estado é normatizante e regulamentadora. Qualifica-se o ente estatal como agente normativo e regulador, o que alcançará editando leis pertinentes. Entenda-se, de início. A edição de tais leis tem duplo caráter. Primeiramente, conjunto de normas com objetivos direcionados à disciplinação da atividade econômica. Disciplina-se aclarando direitos e impondo restrições ou limitações. Em segundo lugar, serve de freio à própria atuação do Estado, porque a lei editada a limita, condicionando a atuação a seus termos.

A normação legal, disciplinante da atividade econômica, se insere na área do direito econômico. Como efeito desta compreensão, a lei de que fala o artigo 174 da CF ("na forma da lei") é editada por quem detenha competência constitucional para tanto. Pelo artigo 24, I, da CF, ocorre situação de competência concorrente, atribuindo-se o poder de legislar à União, aos Estados e ao Distrito Federal. Poder-se-ia pensar em risco referente a normatividades diferenciadas de entes federativos diversos, criando-se situações de conflitos. E, neste ponto, toda balbúrdia normativa estaria prejudicando os agentes econômicos que atuassem na atividade econômica. Nenhum perigo existe, porém, porque o próprio texto constitucional, em se tratando de competência concorrente, criou normas de coordenação.

Com efeito, a competência da União, na legislação concorrente, limita-se ao estabelecimento de normas gerais, que são princípios básicos da disciplinação do direito econômico. Assim, há um primeiro critério na hierarquia das leis. Havendo a lei federal pertinente ou a superveniente de normas gerais federais, sempre preponderarão estas, no que houver de conflito normativo, em relação às do Estado e do Distrito Federal. Estes entes federativos têm competência suplementar como legislação concorrente, visto que a competência da União, não havendo conflito normativo, não exclui a dos Estados e do Distrito Federal. Inexistindo, porém, lei federal sobre normas gerais, "os Estados (e o Distrito Federal) exercerão a competência legislativa plena, para atender a suas peculiaridades" (art. 24, §§ 1º a 4º, da CF).

Os municípios, considerando deterem autonomia e presente o interesse local, podem dispor acerca de direito econômico? No artigo 24, os entes federativos municipais não são elencados na competência concorrente. No artigo 30,I, têm competência para legislar em temas de interesse local, enquanto no item II podem suplementar legislação federal e estadual *no que couber*. Ives Gandra Martins e Celso Ribeiro Bastos (1.993, pp. 1 e 227) concluem terem os municípios, com base no artigo 30, II, da CF, competência supletiva.

Regina Maria Macedo Nery Ferrari (1.993, p. 82) argumenta que "o art. 30,II, veio, de certa forma, suprir a falha do art. 24, não criando competência concorrente para o Município, mas admitindo que ele tem competência legislativa suplementar da legislação federal e estadual, naquilo que couber, ou seja, dentro dos assuntos de interesse local. A lei federal a ser suplementada pode versar sobre matéria de competência concorrente, prevista no art. 24..." Diomar Ackel Filho (1.992, p. 43) e José Nilo de Castro (1.991, p. 145) chegam à idêntica conclusão.

O artigo 30, II, da CF, todavia, fala em legislar complementarmente *no que couber*. Esta ressalva implica algumas observações. Qualquer competência municipal está limitada pelo interesse local. Nenhum outro interesse justifica a competência supletiva, gerando, isto sim, invasão de competência. O *no que couber* lembra a hierarquização das leis e a harmonia legislativa. *Suplementar* não é derrogar, revogar ou entrar em conflito com legislação estadual ou federal; é complementá-la nas omissões e lacunas, no que importa com as peculiaridades locais. É possibilitar a convivência das normas. Deste modo, de um lado, evita-se o choque entre normas incompatíveis quanto ao conteúdo e há obediência, de outro lado, às regras da hierarquia das leis.

Em resumo, portanto, a atuação do Estado na atividade econômica que interessa nas anotações ao artigo 174 da Carta de 1.988, é a atuação indireta. Qualificando-se como agente normativo e regulador da atividade econômica, o Estado exerce atribuições com base em legislação por ele mesmo editada. Neste ponto, a observância ao princípio da legalidade é fundamental, inclusive por força do regramento inscrito no artigo 5º, II, da Lei Maior. O Estado age limitadamente, nos precisos termos das leis e do texto constitucional. Estes limites serão melhor compreendidos examinadas as funções de fiscalização, de incentivo e de planejamento.

Os agentes econômicos privados devem cumprir todos os princípios da ordem econômica e outras determinações legais. Esta observância exige a vigilância estatal, instrumento utilizado pelo Estado para garantir o exercício regular da atividade econômica. É a função de *fiscalização* do Estado, que se integra numa atribuição maior que é a de exercer o poder de polícia. A atuação fiscalizante, que deve ser contínua e permanente, pode ser preventiva ou repressiva. *Previne-se*, na fiscalização, evitando-se a ocorrência de irregularidade, servindo o Estado como simples conselheiro, evitando práticas anormais e infringentes da lei. *Reprime-se,* detectando-se falhas e se as punindo, convenientemente.

O *incentivar* é outro instrumento, talvez o mais relevante na forma pacífica de intervenção. Nada mais é que a criação de estímulos para o progresso da atividade econômica, concedendo condições positivas para seu desenvolvimento. J. Cretella Júnior (*Opus cit.,* p. 4.047) divide os incentivos em de natureza não-fiscal - v.g., concessão gratuita de espaços para instalação de novas indústrias ou fábricas - e de natureza fiscal - isenções para pagamento de impostos, etc. É de se lembrar, porém, que, pela Constituição atual, o poder de isenção tributária cabe ao ente federativo competente para instituir o tributo (art. 151,III), diferente do que ocorria na Constituição de 1.969 (art. 19, § 2º).

Em tese, *planejar* é racionalizar sobre dados presentes e passados, utilizando-se de experiências vividas, projetando soluções para o futuro, a médio ou longo prazo. No dizer de Luis S. Cabral de Moncada (*Opus cit.,* p. 402), "o plano econômico pode ser definido como o ato jurídico que define e hierarquiza objetivos de política econômica a prosseguir em certo prazo e estabelece as medidas adequadas à sua execução. O plano econômico compõe-se sempre de duas operações essenciais: o diagnóstico e o prognóstico." Prevê-se, após o exame das condições atuais e seus sintomas, para indicar ou impor soluções futuras.

No Brasil, a lei é que dispõe sobre o planejamento, com o estabelecer diretrizes e bases do desenvolvimento nacional, incorporando e compatibilizando os idênticos planos regionais. O artigo 165, I, e § 1º da CF, trata do plano plurianual, certo de que "os planos e programas nacionais, regionais e setoriais previstos nesta Constituição serão elaborados em consonância com o plano plurianual e apreciados pelo Congresso Nacional" (§ 4º). Enfatiza-se, assim, que todo planejamento econômico deve estar harmônico com uma estrutura maior e ter a forma de lei. É esta que lhe dá eficácia e o conteúdo normatizantes. Acerca de sua eficácia normativa, há uma observação essencial a fazer para significação de sua operância jurídica. A execução do planejamento contido em lei é cogente, ou imperativa, para o setor público. Nos termos da Constituição, é *determinante*. Ele existe, deve ser executado e não há por que ou como desobedecê-lo. Diferente é sua eficácia para o setor privado. O planejamento é simplesmente *indicativo*. Serve como sugestão, ou aconselhamento. Caso contrário, fosse obrigatório para o setor privado, haveria vulneração de fundamento da ordem econômica, que é a livre iniciativa. A eficácia cogente dos planejamentos na área privada é comum nos países socialistas (art. 16 da Constituição de Cuba), o mesmo não ocorrendo com os países neoliberais, como o nosso.

5.2. Cooperativismo

O cooperativismo e outras formas de associativismo devem ser apoiados e estimulados pela lei. Esta é a regra, de natureza eminentemente programática, contida no artigo em comento, no § 2º. A lei ordinária já existe e foi recepcionada, não integralmente, pelo texto constitucional. É a Lei nº 5.764, de 16 de dezembro de 1.971. A cooperativa é uma sociedade sem fim lucrativo, entre pessoas que se obrigam à contribuição de bens e serviços para o exercício da atividade econômica, extraindo-se da própria sociedade o interesse comum de todos. Duas características, entre outras, são relevantes: a) a administração da sociedade se dará por uma Diretoria ou Conselho de Administração eleitos pela assembléia geral e compostos exclusivamente de associados. É gestão dos próprios cooperativados; b) as cotas-partes do capital detidas pelos associados não podem ser cedidas a terceiros, estranhos à sociedade.

A cooperativa se estrutura juridicamente como sociedade de pessoas e é, por força de lei, de natureza civil e não-comercial. Além do mais, não está sujeita à falência; o que pode sofrer é liquidação extrajudicial. Os atos negociais exercidos para efetivação dos objetivos sociais, entre cooperativas e seus associados e entre as cooperativas reciprocamente, não se caracterizam como compra e venda ou outra qualquer operação de mercado; definem-se, simplesmente, como *atos cooperativos* (art. 79 e parágrafo único da Lei nº 5.764/71). Não se trata exclusivamente de uma técnica de nomenclatura. A categorização como ato cooperativo é fundamental, principalmente no que respeita à área do direito tributário, como se verá mais adiante.

Assim, a idéia inicial extraída do texto constitucional é que caberá à lei ordinária disciplinar a formação das cooperativas, indicando estímulos específicos, o que já significa apoio a esta e a outras formas de associativismo. Entretanto, a Constituição foi mais adiante, dando eficácia mais forte a certos regramentos concernentes ao cooperativismo. Deste modo, v.g., a necessidade de autorização para funcionamento das cooperativas que existia na Lei nº 5.764/71 (arts. 17/20), não teve recepção constitucional. Ao contrário, na atualidade inexige-se qualquer autorização do poder público para constituição e funcionamento de tais sociedades. Efetivamente, o artigo 5º, XVIII, da CF, erigiu em garantia constitucional o princípio de que as "cooperativas independem de autorização, sendo vedada a interferência estatal em seu funcionamento".

A própria Constituição propõe um estímulo de natureza fiscal, embora timidamente, visto que dependente de edição de lei complementar. No artigo 146, III, "a", diz caber à lei complementar o estabelecimento de normas gerais em matéria tributária, especialmente sobre "adequado tratamento tributário ao ato cooperativo praticado pelas sociedades cooperativas". Nas anotações feitas a este artigo, Ives Gandra Martins (1990, pp. 98/100) acrescenta uma observação importante: a adjetivação de *adequado* que se deve dar a tratamento tributário do ato cooperativo não significa, necessariamente, imunidade fiscal. Assim, a extensão, ou medida, do estímulo depende da lei complementar. Uma coisa, porém, é certa, levando em consideração a interpretação sistêmica. O que se extrai das normas constitucionais referentes às cooperativas é que o legislador ordinário deve dar um tratamento mais benéfico a elas, o que significa, tributariamente, tratamento mais favorável.

A Lei nº 5.764/71, no Capítulo epigrafado como "dos estímulos creditícios" (arts. 109 e 110), elenca três: a) - concessão, pelo Banco Nacional de Crédito Cooperativo S/A, de financiamentos que se fizerem necessários ao desenvolvimento das cooperativas; b) - manutenção de linhas de crédito específicas para as cooperativas, com juros módicos e prazos adequados; c) - mantença de linhas de crédito com objetivo de financiar cotas-partes do capital, para viabilizar o ingresso de interessados como membros das cooperativas.

O apoio e estímulos às cooperativas de garimpeiros, na normatividade constitucional, é mais específico. Além dos benefícios gerais pelo fato de haver cooperativismo, há outros pelo fato de ser de garimpagem. A organização da atividade de garimpo na forma de cooperativas será facilitada pelo Estado, atendidos dois requisitos básicos. O *primeiro*, com a finalidade de promover econômico-socialmente os garimpeiros. Estes são os destinatários da norma de proteção, a fim de que venham a ter vida digna e existência respeitável, como qualquer ser humano merece. Além do mais, sendo o *segundo* característico, deve haver respeito ao meio ambiente ecologicamente equilibrado. Nenhuma atividade de garimpagem pode significar degradação ambiental, porque haveria ofensa direta a princípio da ordem econômica, que é a defesa do meio ambiente.

A pesquisa e lavra de recursos e jazidas de minerais, suscetíveis à garimpagem, devem ser, com prioridade, autorizadas e concedidas a cooperativas de garimpeiros naquelas áreas em que já estejam atuando ou nas que, por força do inciso XXV do artigo 21 da Lei Maior ("estabelecer as áreas e as condições para o exercício da atividade de garimpagem, em forma associativa"), a União tenha efetivado a opção. Todavia, nem haverá prioridade nem facilitação para a organização de cooperativa de garimpeiros se se tratar de terras indígenas, conforme regra o artigo 231, § 7º, da CF.

6. Artigo 175

> Incumbe ao Poder Público, na forma da lei, diretamente ou sob regime de concessão ou permissão, sempre através de licitação, a prestação de serviços públicos.
> Parágrafo único. A lei disporá sobre:
> I - o regime das empresas concessionárias e permissionárias de serviços públicos, o caráter especial de seu contrato e de sua prorrogação, bem como as condições de caducidade, fiscalização e rescisão da concessão ou permissão;
> II - os direitos dos usuários;
> III - política tarifária;
> IV - a obrigação de manter serviço adequado.

6.1. Serviços públicos impróprios

Nas anotações feitas ao artigo 173, buscamos definir o que seria serviço público, distinguindo-o do serviço privado. Ao examinar aquele, concluímos que serviço público era o que satisfazia necessidades básicas essenciais ou secundárias de toda coletividade e que se encontram, na Constituição, indicados como tal. Nas anotações a serem feitas no artigo ora comentado, há necessidade de dividir a categoria dos serviços públicos para saber quais os que devem ser prestados diretamente pelo Poder Público e quais os que podem ser prestados sob o regime de concessão ou permissão, utilizado o instrumento de licitação. Ou será que o Poder Público pode discricionariamente optar em prestar direta ou indiretamente os serviços, sem importar a natureza deles?

A doutrina administrativista tem distinguido os serviços *próprios* dos *impróprios*. Antes mesmo de buscar categorizá-los, é necessário se ressaltar que a matéria não é pacífica, havendo estudiosos que não admitem a divisão. Entre eles, Mário Masagão (1977, p. 270). Ao contrário, Américo Luís Martins da Silva (*Opus cit.*, p. 109) admite a diferença para afirmar que os serviços públicos próprios são os diretamente exercidos pela Administração Pública, que não pode delegá-los a particulares, enquanto serviços públicos impróprios são os delegáveis a concessionários, permissionários e autorizatários.

Diogo de Figueiredo Moreira Neto (*Opus cit.*, p. 318) ressalta que serviços próprios são os essenciais e impróprios os secundários, só prestados pelo Estado, diretamente, por razões contingenciais. Conclui: "Dentro desse quadro é que se procura correlacionar as duas classes de serviços públicos com os possíveis modos de execução: *direta* ou *indireta*; ou, atendendo mais à possibilidade de sua disposição: *delegável* ou *indelegável*..." A essencialidade da distinção para efeito de execução direta ou indireta do serviço público tem apoio, como se vê, na doutrina administrativista. O difícil, a esta altura da pesquisa, é dimensionar o que é serviço essencial e o que é secundário.

Idêntico critério é o utilizado por Hely Lopes Meirelles (*Opus cit.*, pp. 270/271), aduzindo que os serviços próprios "são aqueles que se relacionam intimamente com as atribuições do Poder Público" e caracterizáveis "por sua essencialidade"; por isso, não se delega a prestação a particulares. De outro lado, serviços impróprios são os que "não afetam substancialmente as necessidades da comunidade, mas satisfazem os interesses comuns de seus membros". Por tais motivos, os serviços impróprios podem ser prestados indiretamente, delegando-se-os a terceiros através de prévio procedimento licitatório.

Como se observa, a divisão de serviços públicos em próprios e impróprios é relevante, para fins de prestação direta ou indireta pelo Estado. O critério usado para a distinção estar na essencialidade ou não do serviço, temos como correto. Entretanto, dúvida pode aparecer com a leitura do artigo 29, V, da CF, que diz competir ao Município "organizar e prestar, diretamente ou sob regime de concessão ou permissão, os serviços públicos de interesse local, *incluído o de transporte coletivo, que tem caráter essencial*" (os grifos são nossos). Por que, sendo essenciais, os serviços públicos de transporte coletivo são concedidos a particulares?

A justificativa dada por Wolgram Junqueira Ferreira (1.993, p. 220) é oportuna: "É fácil de se constatar que, quando a Constituição Federal inclui o *transporte coletivo, que tem caráter essencial*, o que ela está visando é à situação dos municípios que não têm condições de promover diretamente este serviço e o fazem mediante concessão". Em outras palavras, a prestação indireta do serviço público de transporte, que é essencial, aparece no texto constitucional como exceção, confirmatória da regra geral de que os serviços públicos próprios devem ser prestados diretamente pelo Estado.

Assim, portanto, só os serviços públicos impróprios - afora a exceção dos transportes coletivos municipais - é que podem ser delegados a terceiros, concessionários ou permissionários, com a realização prévia obrigatória de licitação. É uma faculdade, visto que, mesmo serviço impróprio, admite-se a prestação direta. Tudo gira, na verdade, em torno da conveniência da administração pública. A opção pela concessão ou permissão é que tem como dado condicionante "sempre através de licitação". A delegabilidade do serviço impróprio a um *tertius* torna indispensável a previedade do certame licitatório, onde haverá a justa e democrática competitividade.

6.2. Concessões e permissões

Os serviços públicos impróprios podem ser delegados a terceiros mediante concessões e permissões, respeitada a precedência de licitação. O relevante, de momento, é buscar a conceituação, seja da concessão seja da permissão, para enfatizar possíveis diferenças e características. A terminologia tem sede e se radica em tema de direito administrativo. Por isso, antes de nos situarmos no *caput* do artigo 175 da CF, faz-se mister recolher, em especialistas da área administrativa, onde estaria a distinção entre concessões e permissões. É uma linha inicial que deve ser obedecida, para se ver até que ponto houve, pela Constituição de 1.988, receptividade do que ditava e orientava a ciência administrativa.

Os especialistas conceituam a concessão de serviço público como contrato administrativo de formação bilateral mantido entre o poder concedente e o concessionário, de natureza oneroso, e precedido de licitação (Celso Antonio Bandeira de Mello, 1.993, p. 327; Hely Lopes Meirelles, *opus cit.*, pp. 217/218; e Diogo de Figueiredo Moreira Neto, *opus cit.*, p. 326). No respeitante à permissão, os mesmos administrativistas afirmavam-na ser ato administrativo discricionário, precário e unilateralmente revogável, embora, na prática, pudesse haver permissão a curto prazo, o que afastaria a revogação unilateral.

Esta diferença conceitual da doutrina nunca foi posta em dúvida, porque os textos constitucionais só falavam em concessão (CF/46, art. 151 e CF/ 67-69, arts. 160 e 167). As permissões, nos limites de sua definição, estavam fora da normatização constitucional. Na Carta de 1.988, concessões e permissões estão colocadas lado a lado e, pelo que se lê do parágrafo único do artigo em anotação, ambas apoiadas em contrato e sua rescindibilidade, silenciando-se acerca de revogação unilateral. Com isto, a permissão pode passar a ter uma compreensão distinta do que a doutrina vinha afirmando, afastadas as características até então indiscutidas.

A necessidade de novo entendimento que se exige seja dado às permissões foi bem captado por Juarez Freitas (1.995, pp. 42/43), ao afirmar que "urge reconceituá-las como delegação contratual..." Questão inicial que se põe, porém, é se a nova compreensão não pode importar em identificar, conceitualmente, as duas expressões: concessões e permissões. A Lei Maior usa o seguinte texto: "concessão *ou* permissão". O *ou* teria o significado de sinonímia entre as duas palavras, assim como na expressão *branca ou alva*, ou a normatividade constitucional visaria a alcançar dois institutos jurídicos diferentes, conceitualmente diversos? O encargo de buscar a redefinição e outras características para se alcançar a sinonímia, ou não, entre os termos será enfrentado mais adiante por envolver matéria infraconstitucional.

Inclusive, a norma constitucional defere à lei ordinária, logicamente federal, a atribuição de dispor acerca do regime e disciplinação jurídica dos concessionários e permissionários, a regulamentação a respeito dos pertinentes contratos e sua prorrogação, já o qualificando como contrato de caráter especial. A normação subconstitucional é que permitirá se concluir se permissão e concessão são a mesma coisa ou se há distinção categorial. Além do mais, deverá a lei normatizar quanto às condições de caducidade, fiscalização e rescisão dos contratos de delegação. A lei ordinária já foi editada e será objeto de estudo mais adiante. Esta normatividade, outrossim, indicará os direitos dos usuários, além dos já expressos no Código de Defesa do Consumidor; regrará o que interessar e se incluir na denominada política tarifária; e, por fim, no que concerne à obrigação de prestar e manter o serviço adequadamente.

6.3. Política tarifária

Nas concessões e permissões, os serviços públicos prestados pelo concessionário e permissionário são remunerados pelos usuários. Há a onerosidade pela efetiva utilização dos serviços, como ato contraprestacional. A contraprestação pecuniária tem a natureza jurídica de preço público, inconfundível com taxa, que é tributo. A taxa é devida pela simples potencialidade do serviço (art. 145 da CF), o que inocorre na hipótese em que o preço só é pago ante a efetiva utilização. Ademais, taxas só são cobráveis por um dos entes federativos e jamais por pessoas jurídicas de direito privado. O fato de haver categorização de preço público afasta de sua disciplinação as regras pertinentes aos tributos.

Preço público é categoria do gênero preço. Há o denominado preço privado, o que se forma no regime da livre concorrência, obediente a regras do mercado e, notadamente, da lei da oferta e da procura. Preço semiprivado é o estabelecido numa conjugação entre as regras do mercado e a interferência da Administração Pública. Em outras palavras, resulta da atuação de interesses privados e públicos. O tabelamento de preços pela União é hipótese de preço semiprivado. Preços públicos são as tarifas, aqueles fixados pela Administração Pública para seus próprios serviços e bens ou para utilização dos serviços públicos impróprios delegados, isto é, concedidos ou permitidos.

Há um momento inicial na fixação da tarifa. Considerando-se que precede à concessão ou à permissão o certame licitatório, a tarifa inicial é a indicada pelo licitante vencedor. A Lei nº 8.987, de 13 de fevereiro de 1.995, que dispõe sobre o regime de concessão e permissão da prestação do serviço público, diz, em seu artigo 9º, que "a tarifa do serviço público concedido será fixada pelo preço da proposta vencedora da licitação..." Esta norma é aplicável também às permissões, conforme o parágrafo único do artigo 40 da referida lei. O edital de licitação, outrossim, conterá necessariamente "os critérios de reajuste e revisão da tarifa" (art. 18, VIII).

As Constituições de 1.967 e de 1.969 expressamente falavam, ao tratar das tarifas, em assegurar "o equilíbrio econômico e financeiro do contrato"(arts. 160 e 167, incisos II). Constitucionalizara-se este critério, utilizável no momento da revisão tarifária. A Carta de 1.988 é omissa, entregando à lei ordinária o encargo de dispor a respeito sob o título genérico de *política tarifária*. A Lei nº 8.987/95, além de preservar "regras de revisão previstas nesta Lei, no edital e no contrato"(art. 9º), normatiza em seu § 2º que "os contratos poderão prever mecanismos de revisão das tarifas, a fim de manter-se o equilíbrio econômico-financeiro".

O equilíbrio econômico-financeiro do contrato é que, sendo afetado, justificará a revisão das tarifas. A lei ordinária pertinente e que vem sendo citada, tem regras específicas: a) enquanto as condições do contrato forem atendidas, "considera-se mantido seu equilíbrio econômico-financeiro"(art. 10); b) ocorrendo alteração unilateral do contrato e desde que repercuta sobre o inicial equilíbrio econômico-financeiro, "o poder concedente deverá restabelecê-lo concomitantemente à alteração" (art. 9º, § 4º); c) se, após a apresentação da proposta, houver criação, alteração ou extinção de tributos legais (afora os impostos de renda), desde que comprovado o imposto, "implicará a revisão da tarifa, para mais ou para menos, conforme o caso" (art. 9º, § 3º).

A tarifa, inicial ou revisada, deve ser módica. A medida desta modicidade é que gera toda dificuldade da revisão tarifária. J. Cretella Júnior (*Opus cit.*, p. 4.136) apresenta como princípios fundamentais regentes os seguintes: custeio do serviço; justa retribuição do capital, conforme a situação do mercado; e economia popular. E quando a utilização destes princípios levar à tarifação que se demonstre inviável ou dispendiosa para os usuários, afastada a própria modicidade da tarifa, qual a solução? Do edital devem constar "possíveis fontes de receitas alternativas, complementares ou acessórias" (art. 18, VI) que, utilizadas, venham a "favorecer a modicidade das tarifas" (art. 11).

6.4. Serviço adequado

A norma constitucional dispõe que a lei tratará acerca da obrigação do concessionário ou permissionário manter serviço adequado. Da simples leitura do regramento ora anotado se extrai que o serviço deve ser prestado, em continuidade, obedecendo-se a um determinado nível de qualidade e quantidade. O descumprimento desta adequação do serviço leva à conclusão de que nem o concessionário nem o permissionário estão prestando, na medida constitucional, o serviço público. Examinando idêntico artigo da Constituição de 1.967, Pontes de Miranda (1.968, t. VI, p. 257) afirmou, com procedência, que "a própria cláusula inserta em ato estatal unilateral, bilateral ou plurilateral que dispense a futura adequação do serviço seria ofensiva" à Constituição "e pois *nula*".

A Lei nº 8.987/95, ao tratar do serviço adequado em seu artigo 6º, deu-lhe um referencial e buscou conceituá-lo, exigindo a satisfação de oito requisitos. No *caput*, fala em "serviço adequado ao pleno atendimento dos usuários". O referencial é o consumidor do serviço fornecido pelo concessionário ou permissionário. A adequação não é verificada considerando regras pertinentes ao poder concedente ou à própria prestadora do serviço; o atendimento dos usuários é a referência. Quanto ao conceito, vincula-o à satisfação de diversos pressupostos, que são: a regularidade, a continuidade, a eficiência, a segurança, a atualidade, a generalidade, a cortesia na prestação e a modicidade da tarifa (§ 1º do art. 6º).

O descumprimento de qualquer dos requisitos, o que significa inexecução parcial do ato contratual, permite a declaração de caducidade do contrato de concessão ou permissão pelo poder concedente (art. 38, § 1º, I, da Lei). É uma faculdade, porque pode o poder concedente, inicialmente, optar por sanções contratuais. Qualquer que seja a opção, fundamental é se entender cada um dos requisitos da lei. A *regularidade* diz respeito à prestação do serviço público de conformidade com as necessidades do conjunto de usuários. Por exemplo, no serviço concedido de transporte coletivo municipal, a regularidade refere-se a cumprimento de horários prefixados para atender a demanda dos consumidores, fazendo o trajeto em tempos normais.

A *continuidade* é prestação permanente e constante do serviço, sem intervalos ou descontinuidades. Entretanto, o conceito de serviço contínuo não é simplesmente fático. A lei exclui a descontinuidade, afastando as hipóteses de ofensa ao requisito da continuidade, certas situações que se aproximam da ocorrência de força maior ou excludência de culpa. Assim, no § 3º do artigo 6º é dito não se caracterizar descontinuidade do serviço a interrupção em condições de emergência e precedente aviso, "quando: I - motivada por razões de ordem técnica ou de segurança das instalações; e II - por inadimplemento do usuário, considerado o interesse da coletividade".

A *eficiência* não é um requisito que se pode destacar dos demais. Isto porque nela já se encontram satisfeitos outros. Impensável eficiência sem regularidade, continuidade, etc. Assim compreendido, pode-se definir a eficiência como resultado satisfatório do serviço prestado, no concernente à qualidade e quantidade, tudo visto da perspectiva do usuário. A *segurança* se dirige mais à situação de reduzir ao máximo os riscos de danos aos utentes, com oferecimento de um serviço sem perigo mediato e imediato, a não ser o normal à atividade. O objetivo da segurança é físico e sanitário. A prestação de serviço público insalubre, por exemplo, vulnera o requisito da segurança e, como tal, não se trata de serviço prestado adequadamente.

A *atualidade* é a compatibilização da prestação do serviço e do instrumental utilizado com as soluções técnicas oferecidas pelo mercado. É o constante melhoramento do serviço, dentro de um critério de razoabilidade. A definição se encontra na própria lei de concessões e permissões: "A atualidade compreende a modernidade das técnicas, do equipamento e das instalações e a sua conservação, bem como a melhoria e expansão do serviço" (art. 6º, § 2º, da Lei nº 8.987/95). A exata compreensão da atualidade deve ser constatada momento a momento, considerando as circunstâncias técnicas ou não possíveis de serem adotadas no serviço prestado.

A *generalidade* diz respeito à prestação do serviço para todos da coletividade, e não somente para alguns. O destinatário do serviço é o conjunto de usuários que detêm, inclusive, o direito público subjetivo de receberem a prestação do serviço no momento que houver necessidade, desde que satisfeita a contraprestação pecuniária, que é a tarifa ou preço público. Não altera o requisito da generalidade a cobrança, desde que justificada, de tarifas diferenciadas. Diz o artigo 13 da Lei nº 8.987/95 que "as tarifas poderão ser diferenciadas em função das características técnicas e dos custos específicos provenientes do atendimento aos distintos segmentos de usuários".

Completam o elenco de requisitos do serviço adequado a *cortesia* na sua prestação e a *modicidade* das tarifas. A matéria relativa às tarifas módicas já foi enfrentada no item anterior, ao se examinar a política tarifária. Resta se anotar o requisito de cortesia. O serviço concedido ou permitido deve ser prestado com a devida urbanidade, modo educado e respeitoso. Esta é a orientação ditada legalmente. Não fosse requisito expresso, deveria se admiti-lo como implícito e conseqüencial. O serviço prestado não é serviço de favor. É resultante do direito de usuário, de obrigação do fornecedor (prestador do serviço) e, além de tudo, remunerado.

6.5. Direitos dos usuários

A lei ordinária que trata do regime de comissões e permissões, em obediência ao regramento constitucional contido no inciso II do artigo 175, elenca os direitos dos usuários frente ao contrato de concessão e permissão. Inicialmente, no *caput* de seu artigo 7º, esclarece que os direitos arrolados são um *plus*, visto que os contidos no Código de Defesa do Consumidor se mantêm em vigor. Assim, os direitos dos usuários são os prescritos na Lei nº 8.078/90 (o CDC); os decorrentes de tratados e convenções internacionais dos quais o Brasil for signatário, os "que derivem dos princípios gerais de direito, costumes e eqüidade"(art. 7º do CDC); e os indicados na Lei nº 8.987/95.

A proteção do usuário, como se observa, é ampla. Trata-se o elenco constante da Lei de 1.995 de uma indicação não-taxativa; seu caráter é exemplificativo. Basta lembrar que direitos podem se originar dos costumes, da analogia e dos princípios gerais de direito. Além do mais, os direitos referidos no artigo 7º da lei de concessões e permissões são expressos de modo genérico, a garantir que, em cada um dos indicados, podem se integrar diversas condutas prejudiciais ao consumidor, evidenciando, em contrapartida, os direitos que a tais condutas se opõem. A interpretação que se fizer das diversas hipóteses deve considerar tais aspectos.

O primeiro dos direitos arrolados é o de "receber serviço adequado" (art. 7º, I). A matéria já foi anotada no item anterior. Cabe aqui um esclarecimento mais abrangente. O que se disse anteriormente é que os serviços públicos, quando concedidos ou permitidos, devem ser prestados adequadamente. Como conseqüência, é direito dos usuários recebê-los com a mesma adequação. Entretanto, o artigo 22 do CDC dá maior extensão, alcançando também os serviços públicos quando exercidos diretamente pelo Estado. Com efeito, diz a norma em referência: "Os órgãos públicos, por si ou suas empresas, concessionárias, permissionárias ou sob qualquer outra forma de empreendimento, são obrigados a fornecer serviços adequados, eficientes, seguros e, quanto aos essenciais, contínuos".

Os demais direitos são o de ser informado, o de reclamar e de comunicar fatos e o de se utilizar do serviço com ampla liberdade. Com efeito, o usuário tem o direito de receber informações do poder concedente e da concessionária ou permissionária necessárias à defesa de seus interesses individuais ou coletivos. Tem, identicamente, a faculdade de comunicar ao poder público e à concessionária ou permissionária irregularidades de que saiba, bem como de levar ao conhecimento da autoridade competente os possíveis atos ilícitos cometidos pela concessionária ou permissionária. Por fim, tem liberdade de escolha em obter ou se utilizar do serviço prestado. Tais direitos estão descritos no artigo 7º, incisos II a V, da Lei nº 8.987/95.

A lei em exame, todavia, no mesmo artigo 7º, é atécnica. Elencou, no cumprimento do mandamento constitucional, alguns direitos e, entre eles, incluiu uma obrigação: "contribuir para permanência das boas condições dos bens públicos através dos quais lhe são prestados os serviços"(inc.VI). Como ônus do consumidor, a previsão é conveniente e está conforme sua posição jurídica diante dos contratos de concessão ou permissão. Assim, como há direitos que tutelam os usuários, nada de mais criar-lhes obrigações. A atecnicidade foi englobar direitos e obrigações num único artigo, sem que este aspecto prejudique normativamente o dispositivo.

6.6. Distinção entre concessões e permissões

A nível de legislação infraconstitucional, inconfundíveis concessões e permissões, embora se busque dar aos dois institutos a mesma disciplinação jurídica. O parágrafo único do artigo 40 da Lei nº 8.987/95 regra que "aplica-se às permissões o disposto nesta lei". Entretanto, face às diferenças que serão a seguir acentuadas, a aplicação da lei às permissões é *no que couber*, porque onde não houver compatibilização entre uma norma pertinente à concessão e regra específica à permissão, a lei não tem aplicabilidade. Idéias e normatividades que conflitem não podem ter aplicação conjunta. Este entendimento deve estar presente para que não haja equívocos interpretativos.

Tanto a concessão como a permissão são contratos administrativos. A lei é clara a respeito, inobstante faça uma distinção. O contrato com permissionário se qualifica como contrato de adesão (art. 40), o que não ocorre com o contrato de concessionário (art. 4º). Temos que é uma diferença substancial, ou de fundo. No contrato de adesão, uma das partes - no caso, o permissionário - simplesmente adere, concordando com as cláusulas indicadas pela outra - o poder concedente. Basta ressaltar que o edital de licitação, na hipótese de se tratar de permissão, deverá conter "os termos do contrato de adesão a ser firmado"(art. 18, XVI), enquanto, se tratando de concessão, o que deve constar do edital é a minuta do contrato contendo só as cláusulas essenciais (art. 18, XIV). Sempre há uma área para livre proposta na licitação e posterior pactuação.

Além desta diferenciação, o contrato de concessão tem prazo certo de duração, tanto que o edital de licitação deve conter informações a respeito (art. 18, I). A minuta do contrato que deve acompanhar o edital, como já acentuado, tem como cláusula essencial o prazo de concessão (art. 23,I). Em conseqüência disto, depois de formalizado o contrato de concessão, ele é irrevogável unilateralmente. Pode-se extinguir, mas por outras causas: término do prazo contratual, encampação, caducidade, revisão, anulação, falência ou extinção da empresa concessionária e falecimento do titular, no caso de empresa individual (art. 35, I a VI).

O contrato de permissão vige enquanto interessar ao poder concedente. No artigo 2º, IV, da Lei, a delegação já é classificada como *a título precário*, enfatizando o artigo 40 que a permissão prestará obediência à *precariedade* e à *revogabilidade unilateral do contrato* pelo poder concedente, logicamente por razões de conveniência e oportunidade. Outra diferença de fundo. Enquanto a concessão tem hipóteses certas de extinção, algumas levando ao pagamento de indenização (arts. 37 e 38, §§ 4º e 5º) e outras não, é da natureza das permissões a sua revogabilidade unilateral pelo poder público concedente, em princípio sem correspondente pagamento de indenização (Celso Antonio Bandeira de Mello. *Opus cit.*, p. 225).

7. Artigo 176

As jazidas, em lavra ou não, e demais recursos minerais e os potenciais de energia hidráulica constituem propriedade distinta da do solo, para efeito de exploração ou aproveitamento, e pertencem à União, garantida ao concessionário a propriedade do produto da lavra.

§ 1º A pesquisa e a lavra de recursos minerais e o aproveitamento dos potenciais a que se refere o *caput* deste artigo somente poderão ser efetuados mediante autorização ou concessão da União, no interesse nacional, por brasileiros ou empresa constituída sob as leis brasileiras e que tenha sua sede e administração no País, na forma da lei, que estabelecerá as condições específicas quando essas atividades se desenvolverem em faixa de fronteira ou terras indígenas.

§ 2º É assegurada participação ao proprietário do solo nos resultados da lavra, na forma e no valor que dispuser a lei.

§ 3º A autorização de pesquisa será sempre por prazo determinado, e as autorizações e concessões previstas neste artigo não poderão ser cedidas ou transferidas, total ou parcialmente, sem prévia anuência do poder concedente.

§ 4º Não dependerá de autorização ou concessão o aproveitamento do potencial de energia renovável de capacidade reduzida.

7.1. Noção de propriedade

A compreensão de propriedade que se extrai do inciso XXII do artigo 5º da Carta Magna é a mais ampla possível. Diz respeito à patrimonialidade, alcançando bens corpóreos ou não, direitos pessoais e reais, etc. (Pontes de Miranda, 1968, t. V, p. 364). Um simples direito de crédito, limitado à área obrigacional, está constitucionalmente assegurado como direito de propriedade. J. Cretella Jr. (1.990, p. 300), retratando a orientação da doutrina, diz que "no texto de 1.988 - como no de 1.967 e no de 1.969 -, propriedade é o conjunto de toda patrimonialidade". Ao conceito de propriedade *constitucional* não há exigência necessária da *realidade* do direito.

A propriedade civilmente vista é mais específica, tendo noção mais restrita. A ela interessa, fundamentalmente, a *realidade* do direito. Resume-se no poder jurídico, de natureza real, sobre bens corpóreos. Ou, como refere a doutrina, é o direito à substância da coisa, que é o cerne da propriedade. Como a entendemos, é o direito sobre a configuração físico-estética de um bem, normalmente corpóreo, no que concerne a seu esgotamento. Os direitos obrigacionais e os direitos reais sobre coisas alheias não se têm como propriedade. Ela é, com exclusividade, o domínio, o poder jurídico mais forte sobre qualquer coisa. A propriedade no conceito *civilista* está referida, por exemplo, no artigo 191 da Constituição de 1.988.

A legislação infraconstitucional brasileira não acolheu, como regra, o denominado direito de superfície, visto que tudo que se acrescentar sobre o solo - plantação, semeadura ou edificação - se integra na propriedade do titular do solo. O direito de superfície é o resultante da possibilidade de haver um direito dominial sobre o solo destacado do direito ao subsolo e ao espaço aéreo. Assim, na regra geral, reconhecida a atração exercida pela superfície sobre o que se lhe acrescentar de construções e plantações, pelo fenômeno de acessão (art. 536,V, da Código Civil), o objeto da propriedade, em se tratando de imóvel, alcança o solo, o subsolo e o espaço aéreo (art. 526 do Código Civil). A hipótese versada no artigo 176, ora anotado, é respeitante à propriedade civil imobiliária em cuja área haja jazidas, com ou sem trabalho de extração, e outros recursos minerais e potenciais de energia hidráulica. Para o exclusivo efeito de exploração ou aproveitamento, há dupla propriedade, uma distinta da outra, não configurante, porém, como condomínio. A propriedade do solo é do titular em cujo nome está o imóvel registrado no Registro de Imóveis pertinente. A propriedade das jazidas e dos demais recursos minerais e de energia hidráulica passa a pertencer à União. O imóvel se divide em superfície e nas utilidades referidas, para haver propriedade distinta. Não há fracionamento ideal como ocorre no condomínio, dupla propriedade sobre tudo.

Observa-se, todavia, que a propriedade da União está condicionada à exploração e aproveitamento ou, em outras palavras, à destinação econômica específica. Afora estas finalidades, a propriedade se integra, na totalidade material de *res* - solo, o que estiver acima *ad coelum* e o que estiver abaixo *ad inferos* - ao titular. Havendo as finalidades concretas ou informadas de potencialidade, o direito de propriedade da União tem, como conteúdo, a faculdade de utilização das jazidas, dos demais recursos minerais e dos potenciais de energia hidráulica ou a de delegá-la a terceiro, onerosamente, na forma de concessão ou autorização.

O próprio texto constitucional contém uma exceção, em que não se forma a propriedade distinta da União: "Não dependerá de autorização ou concessão o aproveitamento de potencial de energia renovável de capacidade reduzida" (§ 4º). Ao ser editada a Carta de 1.988, houve recepção normativa do artigo 139, § 2º, do Código de Águas (Decreto nº 24.643/34), que regrava serem "os aproveitamentos de quedas d'água de potência inferior a 50 kw para uso exclusivo do respectivo proprietário" dispensados de autorização ou concessão. Na normatividade subconstitucional, o elemento definidor relevante era o *uso exclusivo* do potencial reduzido pelo proprietário, embora se pudesse detectar alguma disparidade com a norma constitucional.

A matéria está, presentemente, regulada pela Lei nº 9.074, de 7 de julho de 1.995, ao dizer, em seu artigo 8º, que "o aproveitamento de potenciais hidráulicos, iguais ou inferiores a 1.000 kw e a implantação de usinas termoelétricas de potência igual ou inferior a 5.000 kw estão dispensados de concessão, permissão ou autorização, devendo apenas ser comunicados ao poder concedente", que é a União. Daí, não se poder mais falar em uso exclusivo do proprietário. Tratando-se de capacidade reduzida, pode haver ou exclusiva utilização pelo *dominus* ou cessão de uso, gratuita ou onerosa, para terceiro, bastando a expressa ciência à União.

7.2. Concessionários e permissionários

A regra central que se extrai do artigo ora anotado é o aspecto formal exigível para a pesquisa e a lavra dos recursos minerais e aproveitamento dos potenciais hidráulicos. Necessariamente, deverá o direito de terceiro, ou do próprio proprietário, estar assentado em autorização ou concessão em que aparece como poder concedente a União. As concessões devem obedecer ao processo licitatório, enquanto as autorizações independem de licitação porque sempre serão destinadas "a uso exclusivo do auto-produtor" (art. 7º da Lei nº 9.074/95), o que faz desaparecer a possibilidade de competitividade, fundamento do processo licitatório.

Tanto a autorização como a concessão têm como fundamento básico o interesse nacional. Na redação original do § 1º do artigo em exame, o interesse nacional estava informado pela qualidade do autorizado ou concessionário: ser brasileiro ou empresa brasileira de capital nacional. A Emenda Constitucional nº 9/95 - cuja conveniência só o tempo dirá, mas sempre de caráter preocupante - mitigou o interesse nacional, dando preponderância ao capital estrangeiro. Hoje, o interesse nacional se alimenta em se autorizar ou conceder para brasileiro ou empresa constituída sob as leis brasileiras e que tenha sua sede e administração no País.

Como concessionário ou permissionário, em se tratando de pessoa física, deve ser brasileiro. Desimporta se nato ou naturalizado. Esta diferenciação, para efeito de titularidade de direitos, só é possível nas hipóteses indicadas expressamente na Constituição, no artigo 12, § 3º, nenhuma delas adequável à situação do artigo 176, em anotação. Ao contrário, o § 2º do mesmo artigo 12 afirma não poder a lei infraconstitucional "estabelecer distinção entre brasileiros natos e naturalizados, salvo nos casos previstos nesta Constituição", já referidos no § 3º. Assim, nem a lei ordinária pode exigir que o concessionário ou permissionário seja brasileiro nato e não naturalizado, nem se delegar concessão ou permissão a estrangeiro, mesmo que residente e domiciliado no território brasileiro. Nas duas hipóteses, evidente a ineficácia.

Em se tratando de empresa, como já se viu, pode ser a *constituída sob as leis brasileiras e que tenha sua sede e administração no País.* Bastam estes dois pressupostos: o de regência - ser formada e constituída sob a disciplinação da legislação brasileira - e o de localização - ter a sede e a administração em território brasileiro. A anterior redação do § 1º do artigo ora anotado exigia o *controle efetivo* da empresa: titularidade da maioria do capital votante e o exercício do poder decisório para gerir as atividades empresariais estar, de fato e de direito, em caráter permanente, com pessoas físicas domiciliadas e residentes no País ou com entidades de direito público interno. Na normatividade atual, inexige-se o controle efetivo como anteriormente, o que significa que o dito controle pode estar com estrangeiros nem residentes nem domiciliados no território do País. A alteração normativa constitucional foi profunda.

A normação constitucional impõe que a autorização para pesquisa seja por prazo determinado (§ 3º). Obstada a indeterminação do prazo. Isto não significa dizer que as concessões sejam por prazo indeterminado. Há lei infraconstitucional afirmativa de que elas em geral são por prazo determinado (art. 18, I, da Lei nº 8.987/95). O artigo 4º da Lei nº 9.074/95 regra, inclusive, que "as concessões, permissões e autorizações de exploração de serviços e instalações de energia elétrica e de aproveitamento energético dos cursos de água serão contratadas, prorrogadas ou outorgadas nos termos desta e da Lei nº 8.987, de 1.995, e das demais". Assim, autorizações e concessões são por prazo prefixado, porque há determinação constitucional (autorizações) e por exigência de lei infraconstitucional (concessões).

Os contratos de concessão e de autorização são constituídos *intuitu personae*. A idéia é de que a execução da atividade deve ser exercida por aquele que, no contrato, aparece como concessionário ou permissionário. Não se concede ou se permite para que haja transferência fática do direito para terceiro. Qualquer cessão ou transferência, seja total ou parcial, depende da prévia anuência do poder concedente que, no caso, é a União. Entenda-se: a interpretação do texto constitucional não leva a concluir pela validade da anuência tácita, muitas vezes alegável pelo silêncio da União diante de haver, faticamente, cessão e transferência para outrem. A prévia anuência, para sua validade, deve ser expressa, devidamente documentada, sem qualquer sombra de dúvida, mesmo porque a tácita jamais seria prévia.

7.3. Faixa de fronteira e terras indígenas

Prioriza-se a qualquer outro enfrentamento, o saber o que se tem por faixa de fronteira. A Lei nº 6.634, de 2 de maio de 1.979, dá indicações precisas a respeito: "É considerada área indispensável à segurança nacional a faixa interna de 150 km (cento e cinqüenta quilômetros) de largura, paralela à linha divisória terrestre do território nacional, que será designada como faixa de fronteira" (art. 1º). A configuração físico-geográfica, seja na sua localização, seja na sua extensão, é fácil de se compreender. As razões que justificam a existência desta faixa são informadas pela segurança nacional. Nela se situam terras devolutas pertencentes à União (art. 20, II, da CF) e terras particulares, da titularidade de pessoas físicas ou jurídicas de direito privado.

Deste modo, na faixa de fronteira, pode estar criada a situação geradora da propriedade distinta da do solo, isto é, as jazidas e demais recursos minerais e os potenciais de energia elétrica, que são objetos de domínios diferentes da superfície. O artigo 20, VIII e IX, da Carta de 1.988, reafirma pertencerem à União "os potenciais de energia hidráulica" e "os recursos minerais, inclusive os do subsolo". Estas utilidades são alcançadas pelo artigo 176 ora anotado, notadamente quanto às concessões e autorizações. Todavia, considerando a sua localização e o interesse nacional acrescido dos interesses da segurança nacional, diz o texto constitucional que a lei "estabelecerá as condições específicas" para sua utilização e aproveitamento.

A própria Lei nº 6.634/79 cria uma das condições, recepcionada pela Carta de 1.988. Com efeito, os atos pertinentes a "pesquisa, lavra, exploração e aproveitamento de recursos minerais, salvo aqueles de imediata aplicação na construção civil, assim classificados no Código de Mineração" (art. 2º, VI, "a", da mesma Lei nº 6.634/79), dependem do assentimento prévio do Conselho de Segurança. Este Conselho é o atual Conselho de Defesa Nacional, cuja composição está no artigo 91 da Constituição Federal, encontrando-se, entre suas atribuições, a de opinar sobre o efetivo uso de áreas indispensáveis à segurança do território nacional (art. 91, § 1º, III, da CF).

As terras tradicionalmente ocupadas pelos índios não são de sua propriedade; a titularidade dominical é da União (art. 20, XI, da CF). O artigo ora comentado diz que a lei, relativamente às terras indígenas, deverá estabelecer específicas condições para efeito das concessões e autorizações referidas. Para melhor explicitação da matéria, é necessário o preciso entendimento de que terras se tratam e o conteúdo do direito sobre elas, mesmo porque relação de domínio inexiste. A expressão *terras tradicionalmente ocupadas pelos índios*, como espaço físico, abarca quatro situações possíveis.

Inicialmente, significam aquelas que por eles eram habitadas e continuam sendo, em caráter permanente, com posse imemorial ou não, quando entrou em vigor a Constituição de 1.934, o primeiro texto constitucional que normatizou a matéria: "será respeitada a posse de terras dos silvícolas que nelas se achem permanentemente localizados" (art. 129). O *tradicionalmente* concerne a esta posse que, sem intervalos, vem de época anterior a 1.934. Mas também são terras indígenas, desde que ocupadas antes da Carta de 1.988, aquelas "utilizadas para suas atividades produtivas, as imprescindíveis à preservação dos recursos ambientais necessários ao seu bem-estar e as necessárias a sua reprodução física e cultural, segundo seus usos, costumes e tradições"(art. 231, § 1º, da CF).

Referentemente a estas terras, o direito dos índios corresponde à posse, uso e fruição. Há o poder fático, reconhecido constitucionalmente, sobre tais terras pela comunidade indígena, em relação possessória que se qualifica como permanente. Há o direito de utilizá-las com destinação econômica que pareça conveniente e, na mesma extensão, o de perceber os frutos naturais dela extraídos. Nenhuma dúvida a respeito, diante dos termos claros do § 2º do artigo 231 da Carta de 1.988: "As terras tradicionalmente ocupadas pelos índios destinam-se a sua posse permanente, cabendo-lhes o usufruto exclusivo das riquezas do solo, dos rios e dos lagos nelas existentes". Somente se agrega que o usufruto constitucional é *perpétuo*.

Quanto a estas terras, a utilização por terceiros dos recursos hídricos, dos potenciais energéticos, da pesquisa e lavra das riquezas minerais nelas existentes, exige autorização. Esta autorização, pela relevância do tema e dos direitos indígenas, só pode ser dada pelo Congresso Nacional, após ouvir as comunidades indígenas, "ficando-lhes assegurada participação nos resultados da lavra, na forma da lei" (§ 3º do art. 231 da CF). Ouvem-se as comunidades interessadas, que se manifestam em caráter opinativo, defendendo suas pretensões, cabendo ao Congresso Nacional decidir se autoriza, ou não, e em quais termos.

A audição das comunidades indígenas se dá de que forma? Já tivemos dúvida a respeito, face ao silêncio da norma constitucional. Atualmente, pensamos que o Estatuto do Índio (Lei nº 6.001, de 19 de dezembro de 1.973) dá solução para a hipótese. Em seu artigo 6º, é dito que "serão respeitados os usos, costumes e tradições das comunidades indígenas e seus efeitos..." A representação das comunidades, para os fins em exame, deve se sujeitar ao que sobressair da tradição do agrupamento indígena. A comunidade de índios é que informará quem deve, em seu nome, ser ouvido previamente pelo Congresso Nacional, representando-a.

São terras indígenas, além das até agora examinadas, as de domínio das comunidades indígenas, isto é, aquelas obtidas por qualquer das formas de aquisição previstas na legislação civil (arts. 17, III, e 32 da Lei nº

6.001/73) e as áreas reservadas (reserva indígena, parque indígena, colônia agrícola indígena e território federal indígena), conforme artigos 17, II, e 26, parágrafo único, letras "a" a "d", da mesma Lei nº 6.001/73. Estas também se incluem nas referidas no § 1º do artigo 176 em anotação, em que há previsão de que lei infraconstitucional deverá estabelecer condições específicas.

7.4. Participação do proprietário

Havendo concessão ou autorização da União em favor de terceiro, para a lavra de jazidas e demais recursos minerais, dispõe o § 2º do artigo ora anotado ser "assegurada participação ao proprietário do solo nos resultados da lavra, na forma e no valor que dispuser a lei". Qual o fundamento para haver esta participação do proprietário do solo? As atividades de lavra, reflexamente, prejudicam o exercício da atividade dominical relativamente ao solo, que é seu uso e fruição. A participação, assim, tem a natureza de ressarcitória, significando composição dos danos sofridos pelo proprietário.

A norma constitucional, porém, não se refere ao aproveitamento por terceiros, através de concessão ou autorização, dos potenciais de energia hidráulica, conforme anota Celso Ribeiro Bastos (*Opus cit.*, p. 159). Isto não significa que a Constituição pode servir de fundamento para se concluir que, na hipótese, a participação está vedada. Interpretação neste sentido teria apoio no *a contrário sensu*, argumento modernamente "mal visto pela doutrina, pouco usado pela jurisprudência" (Carlos Maximiliano, *opus cit.*, p. 243). A única conclusão a que se pode chegar é que o tema não se constitucionalizou, devendo ser examinado perante as regras da legislação infraconstitucional.

As Constituições de 1.967 (art. 161, § 3º) e a resultante da Emenda Constitucional nº 1/69 (art. 168, § 3º) indicavam o montante da participação do proprietário nos resultados da lavra: "será igual ao dízimo do imposto sobre minerais". Logicamente que este imposto estava previsto constitucionalmente (art. 22, X, da CF de 1.967, e art. 21, IX, da CF de 1.969). Contudo, com a edição da Constituição de 1.988 as normas constitucionais anteriores perderam a eficácia e vigência. Acresce, ainda, que a atual Carta não possui qualquer preceito que disponha acerca do montante da participação do proprietário nos resultados da lavra. O que ela diz é que a participação se dará "na forma e no valor que dispuser a lei".

No âmbito da legislação infraconstitucional, havia o Código de Minas (Decreto-Lei nº 227, de 28.2.67) dispondo que o direito de participação "corresponde ao dízimo do imposto único sobre minerais" (art. 11, letra "b"). Contudo, o imposto sobre minerais não mais existe em nosso ordenamento jurídico-tributário (arts. 153, 155 e 156 da CF). Por falta de base de cálculo, a norma do Código de Mineração não foi recepcionada pela Carta de 1.988, estando, como conseqüência, revogada. Tudo, por isso, volta à estaca zero. O montante da participação deve ter preceituação legal.

A Lei nº 8.901, de 30 de junho de 1.994, deu redação adequada à letra "b" do artigo 11 do Decreto-Lei nº 227/67, assim normatizando: "A participação de que trata a alínea "b" do *caput* deste artigo será de cinqüenta por cento do valor devido aos Estados, Distrito Federal, Municípios e órgãos da Administração direta da União, a título de compensação financeira pela exploração de recursos minerais, conforme previsto no *caput* do artigo 6º da Lei nº 7.990, de 28 de dezembro de 1.989 e no artigo 2º da Lei nº 8.001, de 13 de março de 1.990"(§ 1º), sendo este pagamento feito mensalmente. A matéria de participação do proprietário está, portanto, solucionada.

8. Artigo 177

Constituem monopólio da União:
I - a pesquisa e a lavra das jazidas de petróleo e gás natural e outros hidrocarbonetos fluidos;
II - a refinação do petróleo nacional e estrangeiro;
III - a importação e exportação dos produtos e derivados básicos resultantes das atividades previstas nos incisos anteriores;
IV - o transporte marítimo do pretróleo bruto de origem nacional ou de derivados básicos de petróleo produzidos no País, bem assim o transporte, por meio de conduto, de petróleo bruto, seus derivados e gás natural de qualquer origem;
V - a pesquisa, a lavra, o enriquecimento, o reprocessamento, a industrialização e o comércio de minérios e minerais nucleares e seus derivados.
§ 1º A União poderá contratar com empresas estatais ou privadas a realização das atividades previstas nos incisos I a IV deste artigo, observadas as condições estabelecidas em lei.
§ 2º A lei a que se refere o § 1º disporá sobre:
I - a garantia do fornecimento dos derivados de petróleo em todo o território nacional;
II - as condições de contratação;
III - a estrutura e atribuições do órgão regulador do monopólio da União.
§ 3º A lei disporá sobre o transporte e a utilização de materiais radioativos no território nacional.

8.1. Escorço histórico

O tema referente ao monopólio estatal de qualquer produto, inclusive petróleo (pesquisa, lavra, importação, exportação e transporte), gás natural, etc. não constou das Constituições brasileiras até a de 1.946. A Constituição de 1.937 tinha o artigo 180 - "Enquanto não se reunir o Parlamento Nacional, o Presidente da República terá o poder de expedir decretos-leis sobre todas as matérias da competência legislativa da União". Utilizando-se desta competência, pretensamente extraordinária, houve a edição de um decreto-lei, em 1.938, tratando da indústria da refinação do petróleo importado ou de produção nacional, que importava em sua nacionalização.

Com efeito, o Decreto-Lei nº 395, de 29 de abril de 1.938, *nacionalizou* a indústria de refinação do petróleo, com a indicação de condições necessárias a serem satisfeitas pelas empresas que operavam, ou pudessem vir a operar, no setor. Tais empresas deveriam atender a três requisitos básicos: a) o capital social, em ações ordinárias e nominativas, seria constituído exclusivamente por brasileiros natos; b) a gerência e direção das empresas caberia unicamente a brasileiros natos; c) participação obrigatória de empregados brasileiros, em proporção estabelecida na legislação (art. 3º). Não se tratava, a toda evidência, de monopolização estatal do petróleo, visto que a atividade econômica permanecia no setor privado. No entanto, o estrangeiro era afastado da atividade petrolífera.

Em 1.953, já em pleno exercício democrático, livremente atuando os três Poderes, foi editada a Lei nº 2.004, de 3 de outubro, que operou, embora em lei infraconstitucional, a *monopolização* do petróleo. Esta lei foi conseqüência de uma campanha nacional, em que todos os setores da vida pública e privada se irmanaram para alcançar o objetivo pretendido. Era a campanha do *Petróleo é Nosso*. Em seu artigo 1º, se constituíam monopólio da União a pesquisa e lavra das jazidas de petróleo e outros hidrocarbonetos fluidos e gases raros; a refinação do petróleo nacional e estrangeiro; o transporte marítimo do petróleo bruto de origem nacional ou de derivados de petróleo produzidos no País; e o transporte, por meio de condutos, de petróleo bruto e seus derivados, assim como de gases raros de qualquer origem.

Foram estas as duas etapas que, na área da legislação subconstitucional, se seguiram. A da *nacionalização* das empresas que atuassem no setor, por força do Decreto-Lei nº 395/38, e a da *monopolização* em favor da União, com supedâneo na Lei nº 2.004/53. A terceira etapa foi a da *constitucionalização*. A Constituição de 1.967 (art. 162) e a Emenda Constitucional nº 1/69 que resultou na Carta de 1.969 (art. 169) confirmaram o monopólio da União quanto à "pesquisa e lavra de petróleo em território nacional". Trocou-se a garantia mais forte, hierarquicamente superior, da norma constitucional pela menor abrangência do monopólio. Esta terceira etapa caracterizou-se por ser um pouco tímida, não monopolizando todas as atividades referidas pela Lei nº 2.004/53.

A Constituição de 1.988, ao ser editada, deu maior abrangência constitucional à monopolização. Não se localizou somente na pesquisa e lavra das jazidas de petróleo, gás natural e outros hidrocarbonetos fluidos. Foi mais adiante: refinação do petróleo nacional ou estrangeiro; importação ou exportação dos produtos e derivados básicos resultantes; transporte marítimo de petróleo bruto de origem animal e de derivados básicos de petróleo produzidos no País; e transporte, por meio de conduto, de petróleo bruto, seus derivados e gás natural de qualquer origem (art. 177, I a IV). Retornavase normativamente ao que dispunha a Lei nº 2.004/53 com uma alteração basicamente forte: deixava-se a área da legislação infraconstitucional para se adentrar em normatividade superior, que é a Constituição.

No que se refere às atividades nucleares - minérios e minerais nucleares e derivados -, a matéria era tratada, antes da Constituição de 1.988, por lei ordinária. A Lei nº 6.453, de 17 de outubro de 1.977, admitia, na atividade de operar instalação nuclear, qualquer pessoa jurídica, desde que devidamente autorizada, se a denominando de *operador* (art. 1º, I). No setor, não havia nem monopolização nem nacionalização. A Constituição de 1.988, em sua redação inicial, incluiu no monopólio estatal "a pesquisa, a lavra, o enriquecimento, o reprocessamento, a industrialização e o comércio de minérios e minerais nucleares e seus derivados" (art. 177,V), deferindo à lei ordinária dispor sobre "o transporte e a utilização de materiais radioativos no território nacional"(art. 177, § 2º).

A lei ordinária acima referida fazia uma distinção, necessária à compreensão da regra constitucional. O material nuclear era composto de combustível nuclear e de produtos ou rejeitos radioativos. Como combustível nuclear se entende "o material capaz de produzir energia, mediante processo auto-sustentado de fissão nuclear" e como produtos e rejeitos radioativos os "obtidos durante o processo de produção ou de utilização de combustíveis nucleares, ou cuja radioatividade se tenha originado da exposição às irradiações inerentes a tal processo"(art. 1º, IV, II e III). O combustível nuclear é o que interessa ao inciso V do artigo 177, enquanto o produto radioativo, quanto ao transporte e utilização, será objeto de lei ordinária, conforme o § 2º do artigo 177, redação original.

O § 1º do artigo 177 dava a devida extensão à regra monopolizante. Os riscos e os resultados pertinentes às atividades monopolizadas se incluiam no monopólio. O parágrafo, inclusive, tornava defeso à União ceder ou conceder qualquer tipo de participação, *in natura* ou *in pecunia*, na exploração das jazidas de petróleo ou de gás natural, afora as exceções previstas no artigo 20, § 1º, da CF: Estado, Distrito Federal, Municípios e demais órgãos da Administração direta da União, para os fins indicados na norma constitucional.

Com a compreensão ditada por todas estas normas, o monopólio estatal poderia se caracterizar como absoluto, visto que atividade entregue à execução direta do Estado, obstaculizada a atividade empresarial privada no setor. Em linhas gerais, impunha interpretação nas normas constitucionais modo acentuadamente monopolizante, afastada a exceção ou interpretações desmonopolizantes, como ocorreu, durante a Constituição de 1.967/69, com os denominados *contratos de risco*. Estas foram as orientações constitucionais ditadas pela Carta de 1.988, através do poder constituinte originário.

8.2. A Emenda Constitucional nº 9/95

A Emenda Constitucional nº 9, de 9 de novembro de 1.995, informada por idéias neoliberais, atual coqueluche brasileira que tudo explica, alterou a redação do § 1º do artigo 177 - aquele que caracterizava o monopólio estatal como absoluto -, acrescentou um § 2º e renumerou para 3º o que era o § 2º. Como se verá em seguimento, não tocou nas hipóteses de monopólio nem em se entregar à legislação ordinária o se dispor acerca do transporte e utilização de materiais radioativos no território nacional. Buscou, na realidade, alterar profundamente as conseqüências da monopolização.

Com efeito, o § 1º do artigo 177, com a redação emprestada pela EC nº 9/95, terminou com o monopólio absoluto. Na verdade, objetivou qualificar tais atividades como públicas secundárias, permitindo a delegação para terceiros. É o que se extrai do novo texto: "A União poderá contratar com empresas estatais ou privadas a realização das atividades previstas nos incisos I a IV deste artigo, observadas as condições que a lei estabelecer". Assim, afora as atividades relativas a minérios e minerais nucleares e seus derivados, é possível a constituição de atos negociais, inclusive com empresas privadas, para a prestação econômica de tais atividades. Objetivamente, extinto o monopólio.

Chama-se a atenção para esta conclusão. *Monopólio em que basta uma contratação bilateral para afastá-lo, monopólio não é.* Neste sentido, a incompatibilidade entre o que dispõe o *caput* do artigo ora anotado e o seu atual § 1º é por demais evidente. O fato de tudo depender de legislação a ser editada não altera a conclusão. Por mais rígida que seja a lei em seus pressupostos e condições para efetivação do contrato, o direito à contratação por terceiros está assegurado constitucionalmente. Isto equivale, pelo menos em nossa visão crítica, se transformar em nada o monopólio estatal. O que a Constituição parece comandar a lei ordinária poderá descomandar.

A contratação, como já dito, deve observar o que dispuser a lei ordinária. A Constituição buscou indicar um conteúdo mínimo para a lei a ser adotada, conforme se lê no § 2º. Assim, toda contratação será para fornecimento de petróleo em todo território nacional. Ato negocial em que empresa estatal ou privada se obrigue ao fornecimento exclusivamente regional ou local, está inadmitido. De outro lado, deverá a lei estruturar o órgão regulador do monopólio da União, elencando sua competência e atribuições. Por fim, dispor acerca das condições de contratação é outro tema a ser preceituado.

A lei ordinária não poderá facultar a contratação por pessoa física. A admissibilidade constitucional é para empresas estatais ou privadas. Entre estas, para atendimento do interesse nacional e por orientação sistêmica do texto constitucional (§ 1º do artigo 176), pode estar a empresa constituída sob as leis brasileiras e que tenha sua sede e administração no País. Isto não impede que a regulamentação legal seja mais restrita ou mais abrangente. Outras condições, relativas ao tempo de constituição, à capacidade econômico-financeira, etc., podem ser indicadas em lei.

A lei de que se trata é fundamental para dar vigência e eficácia à nova norma constitucional. Trata-se de norma de eficácia dependente de complementação legislativa, ou seja, em que seus efeitos se mantêm adormecidos, completamente paralisados, até que se edite e entre em vigor a lei que complementará o regramento constitucional (Maria Helena Diniz, *opus cit.*, p. 102). Daí, até que a lei seja publicada e passe a vigorar, o monopólio terá uma sobrevida.

8.3. Material radioativo

O material radioativo, cuja compreensão já foi explicitada no item 1 destas anotações, terá o transporte e a utilização no território nacional regulamentados por lei federal. Aqui, há necessidade de uma melhor compreensão do que se trata de material radioativo, não só para distingui-lo, o que já se realizou, de combustível nuclear, mas para diferençá-lo daquilo que se denomina de radioisótopos, que têm tratamento constitucional diferenciado. Repete-se: produtos e rejeitos radioativos, como materiais radioativos, são aqueles obtidos no processo de produção ou utilização dos combustíveis nucleares, ou cuja radioatividade se origine da exposição às irradiações pertinentes a tal processo. Tais materiais são os referidos no § 3º do artigo ora em anotação.

Os radioisótopos têm outra compreensão. São, no entendimento da lei, aqueles que alcançaram o estágio final de elaboração, já em condições de serem utilizados para fins científicos, médicos, agrícolas, comerciais e industriais (art. 1º, III, *in fine*, da Lei nº 6.453/77). O já estar na etapa final de processamento e com uma das lícitas finalidades indicadas excluem os radioisótopos do material radioativo tratado no § 3º do artigo ora anotado e possibilita a incidência do artigo 21, XXIII, "b", da Carta de 1.988: "sob regime de concessão ou permissão, é autorizada a utilização de radioisótopos para a pesquisa e uso medicinais, agrícolas, industriais e atividades análogas".

A distinção que se pretende fazer entre material radioativo e radioisótopos, com fundamento na lei, não traduz toda complexidade físico-psíquica da diferença. O tema não é propriamente jurídico. Contudo, aceita a presença de radioisótopos, a pesquisa e uso podem ser concedidos ou permitidos em consideração às específicas finalidades, que se declaram pela licitude e interesse social. O interesse da agricultura, de importante atuação na ordem econômica do País; da medicina, participação obrigatória no direito subjetivo à saúde de todos do povo; e de outras atividades semelhantes, justificam a solução dada constitucionalmente no indicado artigo 21.

Comentando o artigo 21 da Constituição Federal, Ives Gandra Martins (1.992, p. 227), depois de dizer que a linguagem do constituinte, referindo-se somente à concessão e permissão, é tecnicamente adequada, diz não ser a autorização "gênero de que a concessão e permissão seriam espécies. É apenas o ato com que se formaliza ou a contratualidade da concessão ou a unilateralidade da permissão". E chama a atenção para evitar equívocos: a unilateralidade da permissão refere-se ao fato de que o permissionário adere às decisões unilaterais do poder permitente, face à existência do contrato de adesão. Na verdade, nas duas hipóteses, sempre há uma contratualidade.

9. Artigo 178

> A lei disporá sobre a ordenação dos transportes aéreo, aquático e terrestre, devendo, quanto à ordenação do transporte internacional, observar os acordos firmados pela União, atendido o princípio da reciprocidade.
> Parágrafo único. Na ordenação do transporte aquático, a lei estabelecerá as condições em que o transporte de mercadorias na cabotagem e a navegação interior poderão ser feitos por embarcações estrangeiras.

9.1. Observações iniciais

A redação original do artigo 178, antes de agosto de 1.995, tratava da "ordenação dos transportes aéreo, marítimo e terrestre". Em outras palavras, o transporte pelo ar (aviões, etc.), por terra (o rodoviário, em geral) e o marítimo (pelas águas do mar). De logo, poder-se-ia fazer uma constatação. Os transportes fluvial e lacustre, por não serem marítimos, não estavam abrangidos pela norma constitucional. Entretanto, no artigo 22, X, da Carta em vigor, lê-se competir à União legislar privativamente acerca da "navegação lacustre, fluvial, marítima, aérea". A Emenda Constitucional nº 7, de 15 de agosto de 1.995, deu nova redação ao artigo 178, operando alterações profundas e, no que interessa de momento, aos "transportes aéreo, aquático e terrestre". A substituição da palavra *marítimo* por *aquático* deu a verdadeira abrangência da norma constitucional.

Na verdade, a EC nº 7/95 operou alterações com maior profundidade. O razoável entendimento, porém, de toda normatividade e efeitos do preceito superior em vigor, exige o exame prévio de certas questões. Uma, inicial, que é o significado e diferenças entre o que se pode denominar de transporte interno, ou domiciliar, e o transporte internacional. A regração constitucional e infraconstitucional leva em consideração esta diferença. De outro lado, o artigo em anotação fala em transporte "na cabotagem e a navegação interior" (parágrafo único). A lei constitucional diz respeito a situações diferenciadas, a exigir que, neste momento, se busque a diferenciação entre ambas.

A primeira idéia é de que se tem o transporte como *internacional*, quando o ponto de partida é em nosso território e o de destino em outro país, ou vice-versa. Ao contrário, o transporte é *domiciliar* ou *interno*, quando o ponto de partida e de destino é no próprio território brasileiro. A questão que se forma, porém, é quando identificados em nosso território os pontos de partida e de destino, há escalas ou ingresso em outro país, face ao trajeto. Um exemplo. Um transporte por navio entre dois pontos do litoral leste brasileiro, cujo trajeto ingressa em mar territorial de outro Estado, seria internacional ou se manteria domiciliar, ou interno?

A regra é que, havendo escala ou ingresso em território de outro país, o transporte passa a se denominar internacional. Assim, pouco interessa à compreensão de transporte internacional que se adentre o território estrangeiro no início da viagem, em seu término ou durante. Qualquer das situações leva ao entendimento que se trata de transporte internacional. A concepção de transporte interno, ou domiciliar, se limita à situação em que o ponto de partida e o de chegada ficam no território nacional, não tendo havido escala ou ingresso em território estrangeiro. O simples fato do ingresso já o desqualifica como domiciliar.

Desimporta à diferenciação dos transportes internacional e domiciliar, se o ingresso em território de outro Estado foi em menor ou maior extensão. Celso Ribeiro Bastos (*Opus cit.*, p. 175) afirma que "será ainda internacional o transporte que tenha como pontos iniciais e finais o próprio território brasileiro, mas percorra em alguma parte do trajeto, por mínima que seja, área sob jurisdição de outro Estado". À internacionalização do transporte interessa se o ingresso em território estrangeiro se deu por força do trajeto já fixado. Mas se o for por circunstâncias contingenciais?

O ocasional ou eventual, principalmente quando se configure como por motivo de força maior, não pode qualificar transportes e, notadamente, contratos de transporte. Assim, o contrato deve se caracterizar como domiciliar, estendendo-se a qualificação ao próprio transporte. Jônatas Milhomens (1.956, p. 185), examinando o contrato de transporte aéreo, conclui que "o transporte não perderá o caráter de interno se a aeronave, por motivo de força maior, eventualmente, fizer escala em território estrangeiro, estando, porém, em território brasileiro os seus pontos de partida e de destino". Nada conduz a que, se tratando de transporte aquático ou terrestre, o tratamento seja diferente.

Qual a distinção, outrossim, entre navegação de cabotagem e navegação interior? A navegação a que se poderia denominar de navegação domiciliar pode ser considerada navegação de longo ou pequeno curso. A de longo curso é a que adentra ao mar alto, ou livre, no sentido daquelas águas que não entram na titularidade de qualquer país. Mar alto é o que está *além* do mar territorial, este sim pertencente ao Brasil (art. 20, VI, da CF). Ao contrário, a navegação de pequeno curso é a que, sendo domiciliar, faz-se no mar territorial. Waldemar Ferreira (1.964, p. 97) diz que "não difere a navegação de cabotagem da de longo curso senão pela circunstância de fazer-se no mar territorial, em regra ao longo da costa, de cabo a cabo, com terra à vista".

A extensão do mar territorial brasileiro se dá por definição legal. O Decreto-Lei nº 1.098, de 25 de março de 1.970, diz que "o mar territorial do Brasil abrange uma faixa de 200 (duzentas) milhas marítimas de largura, medidas a partir da linha do baixa-mar do litoral continental e insular brasileiro adotada como referência nas cartas náuticas brasileiras". Este mar dito territorial, cuja extensão se fundamenta no interesse nacional sobre os recursos vivos das zonas marítimas adjacentes ao litoral, está sob nossa soberania, que "se estende no espaço aéreo acima do mar territorial, bem como ao leito e subsolo deste mar" (art. 2º do mesmo dec.-lei).

Deste modo, navegação de cabotagem é a navegação entre portos brasileiros, ocorrente em águas oceânicas dentro dos limites do mar territorial. Navegação interior é a que se realize dentro do território físico brasileiro, através de rios e lagos. É, de um lado, domiciliar porque não adentra território estrangeiro e, de outro lado, é fluvial ou lacustre. Sendo domiciliar, não se confunde com transporte internacional. Por ser fluvial ou lacustre não se trata de navegação de cabotagem. Estas distinção e explicitação são fundamentais à compreensão e incidência do parágrafo único do artigo ora anotado.

9.2. Transporte internacional

Dizia o parágrafo único do artigo 178 em anotação, na sua redação original, que "a ordenação do transporte internacional cumprirá os acordos firmados pela União, atendido o princípio da reciprocidade". A Emenda Constitucional nº 7/95 deu nova redação ao artigo 178, operando algumas alterações. Entretanto, no que interessa aos acordos firmados pela União em sede de transporte internacional, simplesmente repetiu o preceito, englobando-o no *caput* do artigo: "...quanto à ordenação do transporte internacional, (deverá) observar os acordos firmados pela União, atendido o princípio da reciprocidade".

Os acordos de que fala a norma constitucional devem ser entendidos genericamente, alcançando tratados, convenções e outros atos internacionais que tenham sido celebrados pelo Presidente da República (art. 84, VIII, da CF). Contudo, não basta a existência formal do acordo. Ele deve estar em vigor, ou seja, ter satisfeito todos os pressupostos constitucionais para sua vigência e eficácia. O próprio artigo 84, no inciso indicado, diz competir privativamente ao Presidente da República "celebrar tratados, convenções e atos internacionais, sujeitos a referendo do Congresso Nacional". A exigência, portanto, é que se trate de acordo internacional devidamente referendado pelo Poder Legislativo.

A corrente adotada pelo Brasil, na área de tratados, convenções e demais acordos constitucionais, não é *monista*, aquela que entende que tais atos internacionais se incorporam no ordenamento jurídico de um Estado pelo simples fato de ter sido assinado. Tal corrente sustenta, conforme ressalta Pinto Ferreira (1.992, p. 558), que "uma vez celebrado o tratado, este obriga no plano interno, mesmo sem nenhuma outra finalidade". A tese adotada expressamente pelo texto constitucional brasileiro é a *dualista*, visto que faz depender a vigência e a eficácia dos tratados, convenções e demais atos internacionais, do referendo do Congresso, que equivale a receber e incorporar o que se contém dos acordos internacionais.

Com efeito, é da competência exclusiva do Congresso Nacional "resolver definitivamente sobre tratados, acordos ou atos internacionais que acarretem encargos ou compromissos gravosos ao patrimônio nacional" (art. 49,I, da CF). Referendado o acordo internacional, o Congresso expedirá o pertinente decreto-legislativo, que independe de sanção do Poder Executivo. Publicado, cumpridas estão todas as etapas necessárias à eficácia do tratado ou convenção, integrando-se ele na ordem legislativa interna e tendo a mesma operância que a lei. Esta manifestação confirmatória do Poder Legislativo - Câmara dos Deputados e Senado Federal - é que garante o respeito à soberania nacional.

Existem convenções em vigor, das quais o Brasil é signatário e que devem ser levadas em conta pela lei que dispuser sobre sua ordenação. Como exemplos e relativas ao transporte aéreo, a Convenção de Varsóvia de 1.929, ratificada em 1.931, a Convenção Sanitária Internacional de Haia de 1.933, ratificada parcialmente em 1.934, a Convenção de Roma de 1.933, ratificada em 1.939, a Convenção de Chicago de 1.944, ratificada em 1.945 e 1.946, etc. No âmbito do transporte marítimo, há a Convenção de Bruxelas de 1.924, ratificada em 1.931. Todas já publicadas, ingressaram no ordenamento jurídico interno brasileiro e devem ser consideradas na feitura da lei de ordenação do transporte internacional.

Pressuposto também exigível para observância dos acordos internacionais, não pressuposto isolado, mas complementar, ao contrário do que vínhamos entendendo (Tupinambá Miguel Castro do Nascimento, 1.989, p. 57), é haver atendimento do *princípio da reciprocidade*. Além de existir convenção, tratado ou ato internacional, o princípio da reciprocidade deve ser observado. A questão, de momento, é extrair da expressão seu conteúdo informativo. O que seria, para os fins indicados no *caput* do artigo 178 da Carta atual, o princípio da reciprocidade?

A reciprocidade se preenche da idéia de tratamento igualitário acerca do mesmo assunto nos países signatários da convenção, tratado ou acordo internacional. Em outras palavras, o que um determinado país conceder de benefícios especiais ao transportador ou transporte brasileiro, o Brasil deverá dar ao transportador ou transporte de outro país tratamento igual. A reciprocidade se baseia num pensamento respeitante à isonomia de tratamento. Ressalta-se, porém, o que já foi enfatizado anteriormente, que não basta a reciprocidade. Esta deve estar apoiada no tratado, convenção ou outro acordo internacional, devidamente ratificados.

9.3. Transporte de cabotagem e interno

As diferenças entre navegação de cabotagem e navegação interna já foram ressaltadas no item 1 *retro*. Estas diferenças, ou mesmo a execução de qualquer tipo de transporte aquático, não mereceram normatividade constitucional nas primeiras Constituições brasileiras. Assim, houve inteira omissão nos textos constitucionais de 1.924, 1.891 e 1.937. A matéria começou a se constitucionalizar na Carta de 1.946 e, com esta natureza e importância, se mantém como tema constitucional. Como substância normativa, o tratamento do transporte aquático, levando em consideração ser de cabotagem ou interno, tem atuação preceituante da Constituição que pode se dividir em duas etapas.

A Constituição de 1.946 dispunha, em seu artigo 155, que "a navegação de cabotagem para o transporte de mercadorias é privativa dos navios nacionais, salvo caso de necessidade pública". A Constituição de 1.967 nada mais fez do que repetir a norma em seu artigo 165. Com a Emenda Constitucional nº 1, de 17 de outubro de 1.969, nenhuma alteração normativa houve a não ser, face à renumeração, tornando-a, com idêntica redação, o artigo 173. Deste modo, desde a Constituição de 1.946 até a entrada em vigor da Constituição de 1.988, a navegação de cabotagem exigia a nacionalidade brasileira dos navios que a exerciam, só admitindo uma exceção: na hipótese de se caracterizar a necessidade pública, admitiam-se navios de nacionalidade estrangeira.

A Constituição de 1.988, em sua redação original, operou uma alteração de abrangência e outra de regulamentação. Acrescentou, inicialmente, que a norma também se aplicava à navegação interna, e não só a de cabotagem. E mais: a necessidade pública, que possibilitava a navegação a navios estrangeiros, seria segundo dispusesse lei infraconstitucional. Com efeito, o § 3º do artigo 178 dizia que "a navegação de cabotagem e a interior são privativas de embarcações nacionais, salvo caso de necessidade pública, segundo dispuser a lei". Este parágrafo esteve em vigor até 15 de agosto de 1.995, quando editada a Emenda Constitucional nº 7, que altera substancialmente a norma constitucional.

Assim, referenciada à normatividade constitucional, desde 1.946 a garantia que beneficiava as embarcações brasileiras estava expressa e só cedia diante da necessidade pública comprovada. Esta garantia, porém, é mais antiga, conforme relata Waldemar Ferreira (*Opus cit.*, p. 99): "No Brasil, posto não estabelecido no Código Comercial, se colocou a navegação de cabotagem fora da concorrência estrangeira, de primeiro pelo rigorismo das leis coloniais portuguesas; e, depois de 1.822, pelas leis aduaneiras e respectivos regulamentos". Considerando, portanto, esta realidade, a garantia aos navios brasileiros tinha, em 15 de agosto de 1.995, o tempo de existência no Brasil independente: 173 anos.

A Emenda Constitucional nº 7/95, com supedâneo em discutível tese neoliberalista, resolveu revogar mais de século e meio de orientação tradicional. O regramento passou a ser o seguinte: "Na ordenação do transporte aquático, a lei estabelecerá as condições em que o transporte de mercadorias na cabotagem e a navegação interior poderão ser feitas por embarcações estrangeiras". Tudo ficou entregue à legislação infraconstitucional, que não precisa consultar necessidade pública. A regra é que a navegação de cabotagem e a interna podem ser exercidas por embarcações estrangeiras desde que atendidas as condições da lei subconstitucional, que jamais poderá ser medida provisória (art. 2º da EC nº 7/95).

10. Artigo 179

A União, os Estados, o Distrito Federal e os Municípios dispensarão às microempresas e às empresas de pequeno porte, assim definidas em lei, tratamento jurídico diferenciado, visando a incentivá-las pela simplificação de suas obrigações administrativas, tributárias, previdenciárias e creditícias, ou pela eliminação ou redução destas por meio de lei.

10.1. Microempresas e empresas de pequeno porte

O denominado Estatuto da Microempresa (Lei nº 7.256/84) a definia como a pessoa jurídica e a firma individual "que tiverem receita bruta anual igual ou inferior ao valor nominal de 10.000 (dez mil) OTNs". Este era o elemento quantitativo que possibilitava a configuração jurídica da *microempresa*. Havia certas pessoas jurídicas que não podiam se incluir nesta categoria, mesmo que satisfeito o critério quantitativo (art. 3º). O artigo 47, § 1º, do Ato de Disposições Constitucionais Transitórias da Carta de 1.988 definiu como "microempresas as pessoas jurídicas e as firmas individuais com receitas anuais de até dez mil Obrigações do Tesouro Nacional..." Mas era um conceito provisório, com validade até a edição da lei específica pertinente.

A Lei nº 8.864, de 28 de março de 1.994, agora já direcionada ao tratamento diferenciado referido no artigo ora anotado, estruturou outra definição quanto ao elemento quantitativo: é "a pessoa jurídica e a firma individual que tiverem receita bruta anual ou inferior ao valor nominal de duzentas e cinqüenta mil Unidades Fiscais de Referência - UFIR, ou qualquer outro indicador de atualização monetária que venha a substituí-la" (art. 2º, I). O importante do critério quantitativo é que ele sempre será apurado no período de 1º de janeiro a 31 de dezembro de cada ano, o que pode importar, ultrapassado o limite máximo, haver desenquadramento categorial (art. 8º).

Em outras palavras, a verificação do pressuposto quantitativo deve se dar ano a ano com o efeito de manter, possibilitar o ingresso ou reingresso na categoria ou desenquadrar, excluindo a empresa como microempresa. É critério verificável periodicamente, ano a ano, pelo seu necessário reflexo na categorização. Saliente-se, entretanto, que este não é o exclusivo critério. A empresa que estiver em situação de satisfazer este critério poderá pedir o registro especial como microempresa e, só depois desta providência, é que se a tem como enquadrada na categoria. Como conseqüência, só a partir do registro é que, sem necessidade de alteração dos atos constitutivos, pode usar a expressão ME ou, por extenso, microempresa.

O ser microempresa é um direito facultado àqueles que se encontrarem dentro do modelo da lei. Sem a manifestação do interessado, não há o enquadramento. A lei não obriga a categorização. Tudo funciona como benefício que se propicia a alguém ou a uma empresa, desde que se manifestem favoravelmente pedindo o registro especial como microempresa. Deste modo, o satisfazer simplesmente o critério quantitativo é insuficiente. Tal critério é fundamental, no sentido de, inexistindo, impedir se categorizar como microempresa. Tem a força de excludência. Entretanto, pode haver empresa com renda bruta anual inferior a duzentas e cinqüenta mil UFIRs. Temos, por isso, que o pedido de registro tem a natureza jurídica de eficacidade dos benefícios resultantes de ser microempresa ou, em outras palavras, é o fator constitutivo de, a partir de então, ser considerada a requerente como microempresa. Fundamental, portanto, o pedido de registro. À satisfação do elemento quantitativo deve se somar a vontade do interessado. Isto é essencial que se compreenda. Assim como só é proprietário de um imóvel quem o registra em seu próprio nome, só é microempresa quem, apoiado na renda bruta anual conforme a lei, busca registrar-se no enquadramento que lhe faculta a lei.

A prova do critério quantitativo - volume da receita bruta anual do ano anterior - deverá ser feita. A lei não exigiu provas contábeis a respeito. Tudo se fará através de declaração do titular ou de todos os sócios da empresa (art. 5º, III). Atente-se, porém, que a facilidade de feitura da prova traz consigo uma conseqüência grave. A falsidade da declaração caracteriza a prática do crime de falsidade ideológica (art. 299 do Código Penal), "sem prejuízo de enquadramento em outras figuras penais" (art. 28 da Lei nº 8.864/94). Além do mais, o simples tentar se enquadrar ou manter-se enquadrado levam à aplicação de multas administrativas conforme previsto no artigo 27 da Lei, se foi com inobservância dos requisitos legais.

A definição de *empresa de pequeno porte* ingressou no ordenamento legislativo brasileiro com a edição da Lei nº 8.864/94. Com efeito, o artigo 2º, II, da Lei, assim conceitua: "a pessoa jurídica e a firma individual que, não enquadradas como microempresas, tiverem receita bruta anual igual ou inferior a setecentas mil Unidades Fiscais de Referência - UFIR, ou qualquer outro indicador de atualização monetária que venha a substituí-la". A expressão *não enquadradas como microempresas* permite concluir que o critério quantitativo para as empresas de pequeno porte - EPP - diz respeito a estar na faixa imediatamente superior a duzentas e cinqüenta mil UFIRs e não superior a setecentas mil. Todavia, mesmo que esteja a pessoa jurídica ou a firma individual adequada a uma situação de renda bruta anual que permitiria seu enquadramento como microempresa, nada impede que, na área da autonomia da vontade, haja requerimento para registro como empresa de pequeno porte. A expressão *não enquadrada como microempresa* faculta tal procedimento. Indaga-se, porém, qual a interesse em se enquadrar como empresa de pequeno porte se há condições de ser microempresa? Não vemos maior interesse mas, juridicamente, não há qualquer obstáculo.

Tudo mais que se disse concernentemente à microempresa, seja quanto à verificação periódica do critério quantitativo e seus reflexos na categorização, seja na mantença da situação ou desenquadramento, aplica-se às empresas de pequeno porte. Explicita-se, porém, o óbvio: alteração, no ano findo, da receita bruta anual, pode significar simples reenquadramento como empresa ou microempresa, nesta última hipótese se a receita baixar aos limites desta. Identicamente, a prática de condutas, na empresa de pequeno porte, que importem em falsidade ideológica ou em infração administrativa, gera a incidência dos mesmos artigos 27, I, e 28 da Lei. Nestes efeitos e até para o tratamento diferenciado, há igualdade entre as microempresas e as empresas de pequeno porte.

10.2. Tratamento diferenciado

A inicial observação é quanto aos elementos confrontáveis no tratamento diferenciado. Não há diferenciação de tratamento entre microempresa e empresa de pequeno porte. Elas são tratadas de modo igualitário. Os mesmos benefícios dados a uma são dirigidos à outra. Pelo menos é o que se extrai do texto constitucional e da disciplinação legal. O confronto a se fazer para realizar a diferenciação de tratamento é entre, de um lado, a ME e a EPP e, do outro, as empresas assim não categorizadas. O tratamento diferenciado se localiza em diversas áreas: administrativa, tributária, trabalhista, previdenciária e creditícia. Neste item das presentes anotações, o exame ficará centrado a estas áreas e as diferenças disciplinadas.

A segunda observação é concernente à lei disciplinadora. A Lei nº 7.256/84, o denominado Estatuto da Microempresa, estabelece, no que interessa, o tratamento diferenciado. A Lei nº 8.864/94, referentemente às microempresas e às empresas de pequeno porte, também estabelece normas relativas ao tratamento diferenciado. Esta última não revogou expressamente a Lei de 1.984. Daí a indagação: as duas leis estão em vigor, convivendo normativamente, ou se desenha, na hipótese, a figura da revogação tácita ou implícita, estando em vigor somente a Lei nº 8.864/94, a mais moderna? A solução deste problema é fundamental, para prosseguimento destas anotações.

O confronto de conteúdo entre as duas leis deixa claro que a disciplinação se situa na mesma área de tratamento, afora a circunstância de que a Lei de 1.994 é mais abrangente quanto às empresas tuteladas, beneficiando também as empresas de pequeno porte, não referidas na Lei de 1.984. Ambas as leis dizem respeito ao tratamento diferenciado na área da administração, do regime tributário, previdenciário, trabalhista e creditício. Isto garante que se está frente a duas leis que regulam idêntica matéria. Daí a certeza de que a Lei atual revogou *implicitamente* a lei anterior, com base no artigo 2º, § 1º, da Lei de Introdução ao Código Civil (Dec.-Lei nº 4.657/42 - "quando regule inteiramente a matéria de que tratava a lei anterior"). Em resumo, portanto, a Lei nº 7.256/84, por revogação tácita, está excluída do ordenamento jurídico brasileiro, enquanto a matéria do tratamento diferenciado, toda ela, se regula pela Lei nº 8.864/94.

Ressalta da Lei em vigor o objetivo de, quanto às empresas tuteladas, simplificar a escrituração e os procedimentos administrativos, buscando, como diz a própria lei em seu artigo 16, "eliminar exigências bucrocráticas acessórias, que sejam incompatíveis com o tratamento simplificado e favorecido previsto nesta Lei". A Lei não diz o que vai importar na simplificação do escriturável, mas entrega à competência do Poder Executivo dispor a respeito em regulamento a ser editado. O afastamento de desnecessários entraves burocráticos é medida de excepcional importância.

O tratamento diferenciado se dá, inicialmente, na área *tributária* e *fiscal*. Não há necessidade de a microempresa ou da empresa de pequeno porte pedir, modo expresso, os benefícios fiscais e tributários. O fato de já ter optado, face à comunicação feita para o fim do registro especial, é suficiente e traz, como efeito automático, a série de benefícios arrolados na lei. O artigo 14 da Lei nº 8.864/94 não deixa margem à dúvida, por menor que seja: "O cadastramento fiscal da microempresa e da empresa de pequeno porte será feito de ofício, mediante intercomunicação entre o órgão de registro e os órgãos fiscais cadastrais competentes". Esta norma deixa claro, outrossim, que se está eliminando prática burocrática inaceitável, que seria a ME e a EPP terem que se registrar, complementarmente, em todos os órgãos da administração pública para os benefícios pertinentes. Centraliza-se o registro e é o que basta.

No respeitante à área em exame, a Lei contém normas de três espécies: a) algumas relativas a reais benefícios pelo que representam de simplificação. Assim, os documentos fiscais a serem emitidos pelas empresas tuteladas obedecem a modelos simplificados, conforme aprovados em regulamento. Identicamente, a declaração anual de rendimentos e informações será em modelo simplificado, aprovado pela Secretaria da Receita Federal; b) outras concernentes a práticas não dispensadas. Com efeito, tais empresas "não estão isentas do recolhimento dos tributos devidos por terceiros e por elas retidos"(art. 12) e devem guardar, como as demais empresas, os documentos referentes a compras, vendas e serviços que realizarem (parágrafo único); c) uma, que gera procedente indagação quanto a estarem, ou não, as ME e as EPP isentas do pagamento de tributos.

A Lei nº 7.256/84 isentava as microempresas de alguns tributos federais arrolados no artigo 11, entre os quais o imposto de renda e proventos de qualquer natureza. Esta normatividade é inaplicável modernamente, como já se viu anteriormente, por ter sido a lei implicitamente revogada. Além disso, só se aplicava à microempresa e não às empresas de pequeno porte. A lei atual nada diz a respeito. Na omissão, que equivale à falta de lei, deve se entender não haver isenção de tributos federais. Com efeito, a Constituição Federal, no artigo 150, § 6º, ao tratar da isenção tributária, exige o pressuposto de *lei específica*, ou seja, *lei expressa*, não bastando interpretação extensiva. O Código Tributário Nacional (Lei nº 5.172/66) reza, no artigo 176, que "a isenção, ainda quando prevista em contrato, é sempre decorrente de lei que especifique as condições e requisitos exigidos para a sua concessão..."

No que se refere a tributos estaduais e municipais, a omissão da Lei nº 8.864/94 nada significa. O artigo 151, III, da Carta de 1.988, diz ser vedado à União "instituir isenções de tributos de competência dos Estados, do Distrito Federal ou dos Municípios". Mesmo que a lei federal isentasse, nenhuma eficácia teria a isenção por ser ineficaz ante a inconstitucionalidade. Assim, qualquer isenção de tributo estadual ou municipal dependerá de lei expressa do próprio ente federativo com o poder de tributar. Está na competência e autonomia dos Estados, Distrito Federal e Municípios fazer as isenções tributárias que pretender, inclusive aquelas que importem em tratamento diferenciado para as microempresas e empresas de pequeno porte.

No âmbito do regime *previdenciário e trabalhista*, há benefícios além de procedimentos simplificados e eliminação de entraves burocráticos. No pertinente a contribuições previdenciárias para custeio das prestações por acidente do trabalho, o cálculo será sobre o percentual mínimo, sem importar o grau de risco da empresa (art. 17, I). O recolhimento poderá ser, conforme instruções expedidas pelo Poder Executivo, englobado (contribuições da empresa e dos empregados), com estabelecimento de prazo único para efetivação do recolhimento (art. 17, II) e a utilização, inclusive, de rede bancária autorizada (art. l7, III). Tudo isto, obviamente, simplificadamente.

Na área trabalhista, todos os direitos dos empregados são assegurados, inclusive as microempresas e as empresas de pequeno porte continuam sujeitas aos depósitos para o FGTS, à apresentação da RAIS - Relação Anual de Informações Sociais -, a efetivar as devidas anotações nas Carteiras de Trabalho e de Previdência Social, etc. (arts. 21 e 22). Os dois benefícios expressos na lei são: a) a fiscalização trabalhista, assim como a previdenciária e a tributária, deve ter mais caráter de orientação que sancionatório; b) na hipótese de concessão de férias coletivas, tais empresas ficam dispensadas da comunicação ao Ministério do Trabalho, obrigação que as demais empresas têm (art. 139, § 2º, da CLT). Além do mais, há o regramento do artigo 18 da Lei de 1.994: "A microempresa e a empresa de pequeno porte serão ressarcidas dos custos de perícia para avaliação de condições de insalubridade ou de periculosidade se o respectivo laudo concluir pela inexistência destas condições".

No concernente ao *apoio creditício* às microempresas e às empresas de pequeno porte, há dois regramentos complementares dependentes de ação do Poder Executivo. Um, de incentivo e fomento de agentes financeiros, públicos e privados, para que estabeleçam linhas de crédito diferenciado e constituam fundo para garantir aval ou fiança, em benefício das ME e das EPP. Outro, de favorecimento nos encargos financeiros, prazos e garantias nas operações realizáveis com as instituições financeiras, bancos de desenvolvimento ou entidades oficiais de fomento. Estes favorecimentos dependem do Poder Executivo, porque serão tratados em decreto regulamentador.

11. Artigo 180

A União, os Estados, o Distrito Federal e os Municípios promoverão e incentivarão o turismo como fator de desenvolvimento social e econômico.

11.1. Patrimônio turístico

Todo o ente federativo - União, Estados, Distrito Federal e Municípios - tem seu patrimônio turístico. É o conjunto de bens, materiais ou incorpóreos, naturais ou artificiais, que agrada a vista humana, propiciando satisfação a quem os vê e, por isso, servindo de convite à visitação aos não-residentes no local. Harmonicamente, tudo compõe o que se pode denominar de patrimônio turístico. São quedas d'água, edificações históricas, belezas da natureza, interações culturais e outros locais e emanações que se informem do que se poderia chamar de vocação turística. Aquele poder de atração que têm para que as pessoas venham até eles para os conhecerem e admirarem. O texto constitucional de 1.988, embora não contenha um conceito de patrimônio turístico, o reconhece e tem normas específicas a respeito.

O patrimônio turístico não significa necessariamente titularidade dominical pública sobre os bens pertinentes. O imóvel ou qualquer outro bem com atrativos pode ser de propriedade privada. O fato de ter interesse turístico não é causa automática de desapropriação. O bem se mantém na propriedade particular mas, face ao interesse turístico, passa à disciplinação jurídica especial. Tombado ou não, se tem por patrimônio turístico. E, como tal, deve ser conservado e fiscalizado.Este aspecto é fundamental à compreensão deste patrimônio. Não há necessária equivalência entre ser patrimônio turístico, face ao interesse atrativo, e o significar uma relação de propriedade com o Poder Público. Como titularidade dominical, os bens que compõem o patrimônio turístico podem pertencer a qualquer pessoa jurídica, de direito público ou privado, e mesmo a uma pessoa física.

José Afonso da Silva (1.995, pp. 352/353) observa que "é da experiência cotidiana que as cidades históricas, os monumentos artísticos, arqueológicos e pré-históricos, as paisagens notáveis, os lugares de particular beleza, as reservas e estações ecológicas, as localidades e os acidentes naturais adequados ao repouso e à prática de atividades recreativas, desportivas ou de lazer, enfim, os bens culturais e ambientais em geral exercem particular atração turística..." Tudo isto, informado pelo interesse de atrair pessoas, é que retrata o que se denomina de patrimônio turístico. Daí se repete: é um patrimônio que não se identifica com a substância do bem, mas com o sentimento de satisfação e lazer que produz a terceiras pessoas.

O conservar e fiscalizar tal patrimônio, responsabilizando os danificadores, fazem parte da inicial atuação do Poder Público. A Carta de 1.988, em seu artigo 24, diz competir à União, aos Estados e ao Distrito Federal legislar concorrentemente sobre proteção ao patrimônio turístico (inc. VII). O entendimento é no sentido de que, embora o município não esteja elencado no artigo 24, tem idêntica competência considerada a regra do artigo 30, I, do mesmo diploma constitucional - "legislar sobre assuntos de interesse local". A doutrina sustenta esta orientação. O interesse turístico, que é potencialidade de atração de pessoas normalmente não residentes no local, elevou tais bens à tutela da norma constitucional.

O proteger não se limita ao conservar e fiscalizar; também é responsabilizar diante de danificações. O mesmo artigo 24 da Constituição, antes referido, afirma ser da competência da União, dos Estados e do Distrito Federal legislar sobre "responsabilidade por dano ao meio ambiente, ao consumidor, a bens e direitos de valor artístico, estético, *turístico* e paisagístico" (o grifo é nosso). É a atuação fiscalizante e conservadora acrescida da atuação de repressão sancionatória e ressarcitória. Inclusive, atribui-se ao Ministério Público, como função institucional, a promoção do necessário inquérito civil e da ação civil pública pertinente para efetivar a proteção e a responsabilidade (art. 129, III, da CF).

A Lei de Ação Civil Pública (Lei nº 7.347/85) é específica ao indicar como um de seus fundamentos danos causados a bens e direitos de valor turístico (art. 1º, III). O que se quer explicitar é que o atual texto constitucional teve objetivo certo no que concerne aos bens de interesse turístico. Pelo demonstrado até agora, o Poder Público visa a protegê-los, conservando-os como se apresentam, fiscalizando constantemente e perseguindo os predadores, acionando-os, com sanções e reparações pecuniárias. Tudo isto se localiza na etapa inicial de atuação dos órgãos públicos. A atuação deve ir, outrossim, mais adiante. O artigo 180 da Carta de 1.988, ora em anotação, tem finalidades mais abrangentes: a de fomentar e a de estimular a prática do turismo.

11.2. Promoção e incentivos

O artigo ora anotado é normatividade nova na história do ordenamento jurídico-constitucional aborígene. Nenhuma das Constituições anteriores tratou da matéria. Normativamente, em regra programática, se determina que todos os entes federativos, sem qualquer exceção, devem promover e incentivar o turismo. Importa, nestas anotações, se buscar a causa do porquê da relevância normativa dos atrativos turísticos e quais os objetivos pretendidos serem alcançados com a promoção e o incentivo. Ambos em conjunto explicarão e justificarão o mandamento constitucional e o acerto do constituinte em editar tal norma. Priorizado deve ser, entretanto, o exame do que significa o *promoverão e incentivarão* contidos no Texto Maior.

Os atos de promoção e de incentivo têm conteúdos diferenciados, não se sinonimizam, mas se complementam, sem a menor sombra de dúvida. Na promoção, programa-se uma atividade ou serviço e, ato contínuo, oferece-o aos destinatários, dando-se publicidade ao evento, fazendo-lhe a devida propaganda. *Promove-se* anunciando o programa, com o objetivo de dar conhecimento a todos. No incentivo, já se trabalha sobre o promovido, criando-se condições favoráveis para tornar os atrativos mais persuasivos. Há um direcionamento de conquista de aceitantes. *Incentiva-se* estimulando. Há o incitamento, face condições oferecidas que contenham maior sentido de atração. O melhor preço dos hotéis e dos restaurantes; a mais atuante segurança pública aos visitantes; uma rede hoteleira de qualidade, etc. Incentivar é proporcionar circunstâncias mais benéficas.

Diogo de Figueiredo Moreira Neto (*Opus cit.*, p. 402), estudando o fomento público, define: "Podemos conceituar o *fomento público* como a atividade administrativa através da qual o Estado ou seus delegados estimulam ou incentivam a iniciativa dos administrados ou de outras entidades, públicas ou privadas, para que desempenhem ou estimulem, por seu turno, atividades que a lei considere de interesse para o desenvolvimento integral e harmonioso da sociedade". Entenda-se, em complemento, que o fato do Poder Público promover e incentivar não significa que é dispensada a atividade empresarial privada dedicada ao turismo. A atividade estatal é de colaboração, fiscalização e coordenação. A atividade principal, mesmo porque atividade econômica obediente à livre iniciativa, é das agências de turismo.

O turismo, com origem fora do território brasileiro em direção a nosso território, traz divisas para nosso País, favorecendo o comércio hoteleiro, de vestuário e alimentos, a indústria de calçados, etc. Os negócios que venham a ocorrer também representam ingressos de tributos no erário. Pode, por isso, significar uma importante fonte de riqueza. Na Europa, é o que ocorre constantemente. Tendo por causa este dado traduzido pecuniariamente, é lógico que propiciará ao Brasil, ou à região turística visitada, um forte fator de desenvolvimento tanto na área econômica como na social. O turismo, assim, é um elemento que atua no alcance dos objetivos fundamentais da República brasileira (art. 3º, II e III, da CF), beneficiando a muitos.

O próprio turismo interno, aquele que se realiza dentro do território brasileiro, com visita de nacionais, ou estrangeiros aqui residentes, a outros Estados, Municípios e pontos turísticos, é "um elemento alavancador do desenvolvimento de muitas áreas" (Celso Ribeiro Bastos, *opus cit.*, p. 194). Já o turismo que se poderia denominar de externo, ou para o exterior, de brasileiros em direção a outros países, também terá resultados positivos. O desenvolvimento cultural propiciado ao turista é deveras importante, notadamente pelo que significará em interações futuras internas, beneficiando não só o turista como os que vierem a conviver socialmente com o beneficiado.

12. Artigo 181

> O atendimento de requisição de documento ou informação de natureza comercial, feita por autoridade administrativa ou judiciária estrangeira, a pessoa física ou jurídica residente ou domiciliada no País dependerá de autorização do Poder competente.

12.1. Compreensão

O presente artigo recebe críticas severas de J. Cretella Jr. (*Opus cit.*, p. 4.163), a ponto de se afirmar que a "regra jurídica constitucional poderia ser suprimida do conjunto, sem o menor prejuízo para os administrados brasileiros". Os fundamentos de tão incisiva crítica são de dupla natureza: uma de linguagem, redacional, e duas substanciais. A de linguagem porque a requisição de documento ou informação seria feita "a pessoa física ou jurídica residente ou domiciliada no País". Assevera o publicista: "ora, pessoa jurídica não reside; está sediada, localizada, radicada". As substanciais porque a requisição feita por autoridade estrangeira não tem força executória no Brasil e porque o se falar em Poder competente é vago, não se sabendo que Poder é este.

A crítica à linguagem não nos parece de todo procedente. Poderia, sem dúvida, haver uma melhor redação. Todavia, a redação atual não oferece, quanto ao ponto de linguagem criticado, qualquer dificuldade de compreensão. O que o constituinte quis dizer e se pode, com grande facilidade entender numa primeira observação, é que à pessoa física se refere a palavra *residente* e à pessoa jurídica o *domiciliada*. Os dois *ou* permitem esta interpretação. Assim, a norma constitucional deve ser lida da seguinte forma: *a pessoa física ou jurídica, respectivamente residente ou domiciliada*. Com este acerto redacional, o único possível e, por isso, permitido pela interpretação, a crítica feita perde todo o sentido.

Requisição não é pedir ou solicitar, o que permitiria o solicitante optar entre o satisfazer o pedido ou não; é exigir ou impor uma conduta a alguém, até contra sua vontade. Visto desta maneira, a requisição da autoridade estrangeira, mesmo que seja autoridade judiciária, não tem força executória no Brasil, presente o princípio da soberania nacional (art. 1º, I, da CF). Mesmo as sentenças judiciais proferidas no estrangeiro só serão executadas no Brasil se forem homologadas pelo Supremo Tribunal Federal (art. 15, letra "e", da LICC, Dec.-Lei nº 4.657/42). O mesmo é dito pelo artigo 483 do Código de Processo Civil e pelo artigo 102, I, letra "h", da Carta de 1.988. A executoriedade depende de manifestação de autoridade brasileira.

Parece lógico que não tendo a requisição feita por autoridade estrangeira força executória, o simples pedido ou solicitação conduz à mesma conclusão. Havendo formal requisição ou simples pedido, ou solicitação, a pessoa física ou jurídica, respectivamente aqui residente ou domiciliada, não está obrigada a satisfazer o pretendido, a não ser que haja autorização da autoridade brasileira competente. Tal ocorrendo em caso de requisição, deve haver cumprimento ao que foi requisitado. Este é um dos mandamentos que se extrai da norma constitucional em exame. A necessidade de autorização é dado básico ao cumprimento do que se requisitou. Nem que fosse só por isso, a norma, em nosso entendimento, é oportuna e se justifica o conteúdo do preceito.

Mas há outra indagação: poderia ser cumprida a requisição, ou o pedido ou solicitação, independentemente de autorização, modo espontâneo? A exigência de autorização do Poder competente se justifica para que não se arranhe, neste simples episódio, a soberania nacional. Há evidente interesse público de que documentos ou informações que possam interessar a ordem econômica brasileira, mesmo que de natureza comercial, devam ser examinados pelo poder público para exame da viabilidade, ou não, de serem levados às autoridades estrangeiras. Dois pontos, portanto, são fundamentais para se impedir que, por exclusiva espontaneidade da pessoa física residente ou pessoa jurídica domiciliada no Brasil, possam ser liberados: a soberania nacional e o interesse público na entrega, ou não. Assim interpretado, o artigo 181 é oportuno, por dar uma orientação de conduta.

É verdade que a norma faz referência única a requisições. Expressamente não há indicação de *pedido* ou *solicitação*. A interpretação, porém, que se faz do artigo ora anotado leva a esta conclusão. Seria ilógico que o constituinte se envolvesse em diferenças terminológicas desnecessárias. Se a requisição, cuja compreensão é mais forte, merece o exame do interesse público para ser atendida, incompreensível que a simples alteração para pedido ou solicitação afastasse o elemento interesse público da constatação pela autoridade brasileira, cumprindo-se a entrega espontaneamente. O interesse público está presente seja na requisição seja no pedido, ou solicitação. A interpretação mais ampla que se faz, é justificável.

Uma simples leitura, outrossim, de alguns artigos da Constituição leva a uma certeza. A palavra Poder, quando escrita com P maiúsculo, tem a significação específica de Poder da República (arts. 2º, 37, 39, § 1º, etc.), isto é, Poder Executivo, Poder Legislativo e Poder Judiciário. Ao contrário, quando não tem referência aos

Poderes da República, é grafado com letra minúscula. Assim, *poderes públicos* (art. 194), *poder público municipal* (art. 182), *poder público* (parágrafo único do art. 194 e art. 225). A orientação do texto constitucional, que pode servir de dado interpretativo, afirma que, no artigo ora anotado, a autorização deve ser dada pelo Poder competente. A referência, portanto, por haver a letra maiúscula, é a um Poder da República.

Deste modo, interpretação razoável é a que conclui que a requisição, o pedido ou solicitação feitos por autoridade judiciária estrangeira devem ser, para serem executados no Brasil, autorizados por autoridade judiciária brasileira. Esta é a orientação constitucional. Tratando-se de sentença estrangeira ou rogatória, a atribuição é do STF (art. 102, I, letra "h", da CF) e, nos demais casos, conforme a lei definir. Em conseqüência, se a requisição, pedido ou solicitação forem de autoridade administrativa estrangeira, a atribuição para autorizá-los deve ser do Poder Executivo, cabendo à lei determinar qual o órgão público administrativo autorizante.

Capítulo II

POLÍTICA URBANA

1. Introdução

1.1. Imóveis rurais e urbanos

As terras existentes no território posteriormente denominado de Brasil já pertenciam ao Reino de Portugal bem antes de seu descobrimento por Pedro Álvares Cabral. Há o fato do descobrimento em 1.500, mas configuração jurídica do domínio de tais terras já se dera, em 1.494, com a assinatura do Tratado de Tordesilhas. Assim, fundiariamente, o território brasileiro inicia sua história dominical antes de a terra ser descoberta, quando se adita à então disciplinação jurídica o fato histórico da ocupação. O certo, porém, é que, como fato complexo, "a história territorial do Brasil começa em Portugal. A ocupação de nosso solo pelos capitães descobridores, em nome da Coroa Portuguesa, transporta, inteira, como num grande vôo de águias, a propriedade de todo nosso imensurável território para além-mar" (Ruy Cirne Lima, 1.954, p. 11).

A realidade fática da época, tanto da do Tratado de Tordesilhas como da do descobrimento, é facilmente retratável. No imenso território, um conjunto de florestas, montanhas e cursos d'água, habitavam os indígenas, povo incivilizado, obediente a seus rituais religiosos e rudimentares. Toda atividade se localizava na busca de bens naturais para satisfação das necessidades primárias, defesa contra animais ferozes e toscas habitações.

Em tal ambiente, não há como se detectar aqueles elementos e dados informativos que, hodiernamente, com relativa precisão, são caracterizantes das terras como sendo rurais ou urbanas. O *habitat* era único, sem qualquer uso específico, a não ser o de servir de espaço físico dos índios que o habitavam. Falar-se em áreas rurais ou urbanas, em algum regime especial de utilização ou destinação das terras, é fugir-se à realidade histórica.

Uma legislação acerca da categorização das terras urbanas e rurais já deveria existir em Portugal. Há que se considerar o fato histórico ocorrido em 1.375, em Lisboa, em que o Rei assinou uma lei que obrigava "a prática da lavoura e semeio de terra pelos proprietários, arrendatários, foreiros e outros". Esta normatização da época ingressou, inclusive, nas Ordenações Afonsinas (Título 81 do Livro IV), que são de 1.427. Daí, é inegável que, na época, face o progresso que já existia no país lusitano, existiam terras que se distinguiam pela destinação econômica, ou sejam, terras rurais e urbanas. O que se quer ressaltar é que esta legislação, transportada para o Brasil em 1.500, não encontrava condições locais para ser aplicada. Como se classificar, diante de nenhuma política fundiária existente no novo território, terras em urbanas e rurais?

Em 1.530, Portugal introduz em nosso território um regime já anteriormente aplicado no Reino e em ilhas atlânticas. É o regime sesmarial, responsável pela incipiente ruralização do território, mesmo porque única destinação econômica conhecida a ser imprimida nas terras. É relevante se acentuar que, na época, se estava distante da revolução industrial, da existência de fábricas, de mercados, de tudo aquilo que, posteriormente, definiria a urbanização fundiária. O regime sesmarial é política adotada por D. João III, através de Martim Afonso de Souza. Este, autorizado pelo Rei, doou terras a terceiros, modo perpépuo, transferível a seus descedentes, desde "que dentro de dois anos de dada, cada um aproveite a sua e que se no dito tempo assim não fizer, as poderá dar a outras pessoas para que as aproveitem, com a dita condição" (Carta d'el Rei). O regime sesmarial vigorou no Brasil até julho de 1.822, pouco antes de sua independência.

Nossa primeira lei fundiária, a Lei nº 601, de 18 de setembro de 1.850, repetiu a normatividade proibitiva, admitindo uma única exceção: "Ficam proibidas as aquisições de terras devolutas por outro título que não seja o de compra", afora em uma zona de dez léguas na faixa da fronteira com outros países (art. 1º). Todavia, um elemento era fundamental para o reconhecimento da dominialidade privada: estarem as terras cultivadas, "ou com princípios de cultura", e morada habitual do sesmeiro ou concessionário ou do simples posseiro (arts. 4º e 5º). Pelo menos, relativamente a estas terras, poder-se-ia ver um início de ruralização. Mais adiante, em norma direcionada à urbanificação, pelo menos incipiente, dizia que o governo deveria reservar terras devolutas que entendesse necessárias "para a fundação de Povoações, abertura de estradas e quaisquer outras servidões, e assento de Estabelecimentos públicos" (art. 12, § 2º).

O Decreto nº 1.318, de 30 de janeiro de 1.854, que regulamentou a Lei nº 601/850, foi mais explícito. Permitiu, em seu artigo 77, que as terras reservadas para a fundação de Povoações, fossem divididas, conforme conveniência governamental, "em lotes urbanos e rurais, ou somente nos primeiros". Lê-se, outrossim, no Aviso de 12 de outubro de 1.854, perderem o direito a lotes urbanos os concessionários que, no prazo dado, "não tiverem iniciado a edificação". Deste dado complementar, vê-se que, na legislação brasileira anterior ao Código Civil, havia um critério distintivo entre áreas rurais e urbanas. Enquanto estas tinham uma destinação econômica, mesmo potencial, ligada a edificações, os lotes rurais destinavam-se economicamente à agrariedade. Assim, as terras brasileiras se categorizavam como rurais ou urbanas, tendo como sinal distintivo a destinação econômica.

O Código Civil, que é de 1.916, trata dos contratos de locação de prédios urbanos e rústicos (arts. 1.210 a 1.211), estes no sentido de rurais. Não os define ou os distingue, na verdade. Contudo, nos artigos 1.214 e 1.215, referenciados aos contratos rurais, fala em esterilidade ou malogro da colheita, o que serve, na interpretação, de dado caracterizante de tais contratos, face à destinação econômica de agrariedade. A doutrina e a jurisprudência, com supedâneo na lei civil codificada, vêm sustentando a nenhuma influência, para caracterizar a rusticidade ou urbanidade do imóvel, da sua localização. O dado elementar é o relativo à destinação econômica. J. M. de Carvalho Santos (1.981, p. 203) afirma que a legislação civil codificada "veio dissipar as últimas dúvidas, estabelecendo que a natureza de urbano ou rústico do prédio resulta antes da sua destinação que da sua localização".

Hoje, em sede de legislação infraconstitucional, a matéria não dá margem a qualquer discussão. O Estatuto da Terra (Lei nº 4.504/64), no artigo 4º, I, assim define o que é imóvel rural: "o prédio rústico, de área contínua, qualquer que seja sua localização, que se destine à exploração extrativa agrícola, pecuária ou agroindustrial, quer através de planos públicos de valorização, quer através da iniciativa privada". A Constituição de 1.988, quando se refere a imóveis, áreas ou terras rurais e urbanas, está recepcionando toda a legislação subconstitucional acerca da matéria. Assim, são duas categorias diferentes de imóveis, que se classificam pela destinação dada à terra, sem se considerar, visto que elemento desimportante, o dado tópico. A localização é irrelevante. Acentue-se, porém, que esta divisão atende aos imóveis vistos como unidades prediais autônomas. Outra coisa, a ser examinada a seguir, é a concernente às zonas, que podem ser rurais ou não.

1.2. Zonas rurais e urbanas

Repete-se o que já foi sugerido. Ao se definir, ou conceituar, terras rurais e urbanas, está se pensando na adoção de um critério para distingui-las como unidades prediais autônomas, modo individuado e especializado. *Tal terra é urbana; tal terra é rural.* O elemento conjunto de terras com a mesma natureza e destinação é irrelevante, mesmo porque só se chegaria a esta conclusão após o exame individuado de cada terra. Outra coisa é se examinar, territorialmente, considerado o critério de localização, o que se teria por zona urbana e por zona rural. Entenda-se, o que já foi explicitado anteriormente, que o fato de um imóvel estar localizado nesta ou naquela zona, em zona urbana ou em zona rural, não significa que se o defina como urbano ou rural. As conseqüências jurídicas podem ser outras, entre as quais efeitos fiscais, v.g.

Com efeito, na divisão da competência tributária, existem o imposto sobre a propriedade territorial rural - ITR - e o imposto sobre a propriedade predial e territorial urbana - IPTU -, o primeiro devido à União e o segundo da competência dos municípios. Há evidente excludência. Ou é imposto federal ou é imposto municipal. Aquele tem como fato gerador "a propriedade, o domínio útil ou a posse de imóvel por natureza, como definido na lei civil, localizado fora da zona urbana do Município" (art. 29 do CTN - Lei nº 5.172/66), enquanto o IPTU é sobre imóvel por natureza ou acessão física "localizado na zona urbana do Município"(art. 32 do CTN). A compreensão da zona urbana e, conseqüentemente, da zona rural passa a ser fundamental.

Como se observa, o IPTU é pago sobre o imóvel situado na zona urbana, sem interessar a destinação econômica que esteja sendo dada ao solo. Em outras palavras, pagará o IPTU mesmo o imóvel que se possa definir como área rural, se estiver localizado na zona urbana. Ademais, o denominado usucapião qüinqüenal rural não é mais sobre área de terras cuja destinação de agrariedade esteja sendo dada pelo usucapiente em posse pessoal durante cinco anos. Este elemento referenciado à destinação é necessário mas não o exclusivo. A área de terra deve estar localizada "em zona rural" (art. 191 da CF). Aqui, também, a compreensão do que seja zona rural é enfatizada, não bastando o entendimento do que seja área rural. Daí, o tema específico do presente item. Quais os dados caracterizantes e delimitadores das zonas urbana e rural?

Na área da fiscalidade, o artigo 32 do Código Tributário Nacional dá elementos satisfatórios para definição de zona urbana e, via de conseqüência, zona rural por exclusão: a) meio-fio ou calçamento, com canalização de águas pluviais; b) abastecimento de água; c) sistema de esgotos sanitários; d) rede de iluminação pública, com ou sem posteamento para distribuição domiciliar; e) escola primária ou posto de saúde. Lei municipal, considerando, no mínimo, dois destes requisitos, delimitará, no território municipal, a área a ser entendida como zona urbana. Como se nota, tal área segue critérios flexíveis indicados no CTN, aos quais deve obediência o legislador municipal. Por exclusão, toda área de terra que estiver fora da zona urbana comporá o que se tem por zona rural.

Pode haver, porém, uma antecipação da urbanificação em conseqüência de loteamentos aprovados. Esta hipótese está facultada no próprio CTN, no § 2º do mesmo artigo 32: "A lei municipal pode considerar urbanas as áreas urbanizáveis, ou de expansão urbana, constantes de loteamentos aprovados pelos órgãos competentes". Na verdade, a futura urbanização diz respeito àqueles loteamentos que atendem à função social de uma cidade, quer sejam a de habitação, a de industrialização ou as afetas à localização de comércio, etc. Qualquer loteamento com objetivos vinculados à agrariedade não possui esta força antecipatória da urbanificação. Na realidade, a regra da antecipação é simples. Reconhece-se hoje o que amanhã, realizado, se terá de reconhecer.

A Lei nº 6.766, de 19 de dezembro de 1.979, deu outra compreensão à regra antecipatória, pelo menos para fins urbanísticos. Diz seu artigo 3º que "somente será admitido o parcelamento do solo para fins urbanos em zonas urbanas, assim definidas por lei municipal". Em outras palavras, para haver projeto de loteamento aprovado deve haver, com anterioridade, a previsão da zona do loteamento como urbana ou de expansão urbana. Daí dizer José Afonso da Silva (*Opus cit.*, p. 154) que "não são os loteamentos que dão qualificação urbanística ao solo. Esta é que é *prius* em relação àqueles, porque só o solo planejado para funções urbanas deve ser objeto de loteamento".

Deste modo e afastada a regra do § 2º do artigo 32 do CTN, a delimitação da zona urbana será fixada de acordo com a lei municipal pertinente, obedecendo à existência, mesmo em potencial, das funções urbanísticas da cidade - habitação, trabalho, recreação e circulação - que, na redação do artigo 182 da CF, são as "funções sociais da cidade", direcionadas ao bem-estar dos habitantes. Via de conseqüência, o que transcender territorialmente à delimitação da zona urbana, nela incluídas as urbanizáveis e as de expansão urbana, passa a ser entendida como zona rural. Qual a razão desta divisão? Como é de fácil entendimento, o planejamento com vista ao desenvolvimento de tais áreas de terra obedece a regramentos específicos e diferenciados.

1.3. Política fundiária

Direcionando-se ao desenvolvimento fundiário, quer urbano quer rural, o que importa numa execução satisfatória das funções da cidade e da destinação de agrariedade, respectivamente na zona urbana e na zona rural, a Constituição, no Título VII, se utilizou dos Capítulos II (Da Política Urbana, arts. 182/183) e III (Da Política Agrícola e Fundiária e da Reforma Agrária, arts. 184/191) para disciplinar a matéria. Daí a necessidade desta Introdução para qualificação inicial do solo e da terra, possibilitando, assim, que as regras pertinentes e utilizadas em cada uma das zonas ficassem explicitadas e, principalmente, bem localizadas.

2. Artigo 182

A política de desenvolvimento urbano, executada pelo Poder Público municipal, conforme diretrizes gerais fixadas em lei, tem por objetivo ordenar o pleno desenvolvimento das funções sociais da cidade e garantir o bem-estar de seus habitantes.

§ 1º O plano diretor, aprovado pela Câmara Municipal, obrigatório para cidades com mais de vinte mil habitantes, é o instrumento básico da política de desenvolvimento e de expansão urbana.

§ 2º A propriedade urbana cumpre sua função social quando atende às exigências fundamentais de ordenação da cidade expressa no plano diretor.

§ 3º As desapropriações de imóveis urbanos serão feitas com prévia e justa indenização em dinheiro.

§ 4º É facultado ao Poder Público municipal, mediante lei específica para área incluída no plano diretor, exigir, nos termos da lei federal, do proprietário do solo urbano não edificado, subutilizado ou não utilizado, que promova seu adequado aproveitamento, sob pena, sucessivamente, de:

I - parcelamento ou edificação compulsórios:

II - imposto sobre a propriedade predial e territorial urbana progressivo no tempo;

III - desapropriação com pagamento mediante títulos da dívida pública de emissão previamente aprovada pelo Senado Federal, com prazo de resgate de até dez anos, em parcelas anuais, iguais e sucessivas, assegurados o valor real da indenização e os juros legais.

2.1. Leis pertinentes

A política de desenvolvimento urbano é executada pelo poder público municipal e tem por objetivo o pleno desenvolvimento das funções sociais da cidade, garantindo o bem-estar dos munícipes. Isto é o que se lê, de forma clara e indiscutível, no artigo 182 ora anotado. O instrumento utilizado pelo poder público é a lei. Como é consabido, o princípio da legalidade contido no inciso II do artigo 5º da CF tem aplicação diferenciada para a administração pública, em virtude do específico princípio da legalidade contido no artigo 37 da mesma Carta Política. Em outras palavras, para o particular se omitir de fazer alguma coisa que pretendesse fazer deve haver lei proibitiva, enquanto a administração pública só pode agir com autorização legal.

Esta diferenciação quanto ao princípio da legalidade é anterior à Constituição de 1.988, mesmo porque o atual texto constitucional simplesmente recepcionou o que já estava assentado doutrinariamente. Hely Lopes Meirelles (*Opus cit.*, p. 61), com rara felicidade, já observava: "Na Administração Pública, não há liberdade nem vontade pessoal. Enquanto na administração particular é lícito fazer tudo que a lei não proíbe, na Administração Pública só é permitido fazer o que a lei autoriza. A lei para o particular significa 'pode fazer assim'; para o administrador público significa 'deve fazer assim'".

Entenda-se. As Constituições anteriores eram omissas a respeito dos princípios que norteavam a administração pública. O princípio da legalidade com a visão que lhe davam os administrativistas era criação doutrinária respeitada na administração pública. O artigo 37 da atual Constituição, neste sentido, é norma constitucional nova. Assim mesmo, já se cumpria o que dela se extraía nos períodos que antecederam a Carta em vigor. Daí a afirmação que se faz de que o atual texto constitucional recepcionou o entendimento que a doutrina e a jurisprudência vinham imprimindo à matéria. Inconfundíveis, na área da legalidade, os princípios contidos nos artigos 5º, II, e 37 da CF.

Por isso, no artigo ora enfocado, pode-se asseverar que o poder público municipal, na execução da política de desenvolvimento urbano, deve se apoiar em lei positiva, isto é, em norma expressa editada regularmente. Não há que se pensar em discricionariedade do administrador público, a não ser se a própria lei explicitamente facultar. Assim, o desenvolvimento urbano se processa e se constrói de condutas embasadas em duas leis referidas no próprio texto constitucional: a *lei de diretrizes gerais* e a *lei do plano diretor*. Aquela servindo de base para esta, dando-lhe o sustentáculo necessário.

O exame destas leis pertinentes ao desenvolvimento urbano, no que interessa à compreensão do artigo ora em comento, abre espaço para duas indagações. Qual o competente, dentre os entes federativos, para editá-las? Esta indagação primeira é fundamental. Qualquer lei no Brasil que se forme com invasão de competência é sem eficácia, mesmo porque não obriga, visto ser inconstitucional por vício de ilegitimidade. A outra indagação concerne ao conteúdo que cada uma destas leis deve ter, para que não haja conflito entre ambas e, sim, harmonização normativa. Tais questões serão enfrentadas nos itens a seguir.

2.2. Lei de diretrizes gerais

A *lei de diretrizes gerais* é lei federal, estadual ou municipal? Com base na indiscutível autonomia municipal, poder-se-ia projetar a idéia de que se trataria de lei editada pelo poder legislativo municipal. Se a lei é aplicável no município, evidenciado o interesse local, o raciocínio poderia levar à conclusão de ser lei municipal. Tal conclusão importaria em claro equívoco, porque autonomia municipal não é soberania, mesmo porque o município deve obediência a outros princípios e regramentos contidos na Constituição, inclusive os relativos à competência expressa para legislar. A autonomia se limita pela interpretação sistêmica do texto constitucional.

A Carta em vigor, em norma expressa, diz competir à União "instituir diretrizes para o desenvolvimento urbano, inclusive habitação, saneamento básico e transportes urbanos" (art. 21, XX, da CF). Esclarecido se afigura na Lei Maior o entendimento do constituinte. A lei de diretrizes gerais para o desenvolvimento urbano não tem somente interesse local. Acrescenta-se a ela interesse nacional, ou federal, a justificar a competência da União para editá-la. Explicita-se: a lei de diretrizes gerais é lei de normas básicas, de princípios norteadores, deixando um vazio ao município para preenchê-lo, atendido o peculiar interesse local.

Deste sentir, quanto a ser a lei de diretrizes gerais do âmbito federal, é o magistério de Celso Ribeiro Bastos (*Opus cit.*, p. 207), argumentando: "Aos municípios só pode caber a edição de uma normatividade já pronta para ser cumprida e não ao nível de uma legislação meramente diretiva e de caráter genérico". Com a mesma orientação, José Afonso da Silva (1.990, p. 685), ao dizer que a lei de diretrizes gerais deve ser a indicada no artigo 21, XX, da CF.

Há uma respeitável divergência doutrinária. J. Cretella Júnior (*Opus cit.*, p. 4.165) anota, sem qualquer arrazoado prévio ou posterior, que serão as "diretrizes fixadas em lei comunal". A falta de argumentação torna difícil o enfrentamento da matéria para se concluir em sentido contrário. No entanto, como o ilustre publicista, na mesma obra, Volume III, pág. 1.427, afirma caber "à União instituir diretrizes para o desenvolvimento urbano", deve-se considerar a afirmação do Volume VIII como um simples equívoco redacional ou erro da própria edição, porque a afirmação do Volume III tem apoio no texto constitucional.

A lei de diretrizes gerais, pelo fato de ter o qualificativo *gerais*, se define pela abrangência/destinação e pela natureza de seu conteúdo. É editada para ser aplicada em todo território nacional, o que equivale dizer em todos os municípios, sem qualquer exceção. Neste sentido, há incidência geral. Porém, sua normatividade não se direciona diretamente aos munícipes; sim é limitação de um campo onde deverá atuar o poder público municipal na execução da política de desenvolvimento urbano. Assim, o direcionamento das normas gerais contidas na lei de diretrizes é ao poder público municipal e, mais diretamente, ao legislador municipal.

José Afonso da Silva (1.995, p. 57) enfatiza que *"normas gerais* são, portanto, normas de *leis* ordinárias ou complementares, produzidas pelo legislador federal nas hipóteses previstas na Constituição, que estabelecem princípios e diretrizes da ação legislativa da União, dos Estados e dos Municípios". Esta abrangência normatizante é que passa a explicar a natureza de seu conteúdo. Não são normas concretas e definitivas postas para aplicação no desenvolvimento urbano. São princípios gerais e abstratos, norteamentos básicos, verdadeiras linhas mestras, que devem preencher as normas concretas e aplicáveis aos munícipes, no caso a caso, editáveis pelo legislador municipal.

2.3. A lei do plano diretor

A *lei do plano diretor* deve ser aprovada pela Câmara Municipal e pode se afigurar, em relação ao município, como obrigatória ou facultativa. É lei municipal, portanto. É obrigatória para os municípios com mais de vinte mil habitantes (§ 1º), incluindo-se para o cálculo eleitores ou não-eleitores, brasileiros ou estrangeiros aqui residentes, menores ou maiores, capazes ou não. O dado fundamental para o cômputo do elemento quantitativo é ser munícipe, ou habitante do território municipal. Não obstante o artigo ora anotado se refira à política de desenvolvimento urbano, contam-se os habitantes das zonas urbanas e rurais. A interpretação do texto constitucional não permite restrição maior.

Até o limite de vinte mil habitantes, a lei do plano diretor é facultativa. Em outras palavras, o município não está obrigado a adotá-la. Todavia, se houver adoção, visto que o texto constitucional não proíbe, passa a ser cogente. Difícil se entender a facultatividade diante do interesse público do desenvolvimento urbano e do interesse dos habitantes a seu bem-estar. Afora isso, a possibilidade de inexistência de plano diretor coloca, pelo menos em relação a tais municípios, a lei de diretrizes gerais e o interesse federal numa área de possível ineficácia.

A lei de que se trata - que é aprovação de relatórios, mapas e quadros indicadores da situação urbanística atual e as projeções para a situação superveniente, face à execução do plano de desenvolvimento - configura-se como a regulamentação básica para a execução da pertinente política de desenvolvimento, no qual se incluem a expansão urbana e as áreas urbanizáveis, com o objetivo de se fazer cumprir as funções sociais da propriedade urbana - moradia, trabalho, recreação e circulação. Acresce, como ponto finalístico ao desenvolvimento, a busca do bem-estar dos habitantes.

No exame gramatical que se faça da expressão *plano diretor*, há o evidente equacionamento de como cumprir o *iter* entre a realidade fática do presente e a realidade pretendida do futuro, para se buscar o desenvolvimento. O se preverem ações e condutas, tudo dentro do que se denomina de política de desenvolvimento, nada mais é do que um *plano*. De outro lado, há a fixação de normas a serem cumpridas, cogentemente satisfeitas, o que dá ao plano o caráter de obrigatório e explica, suficientemente, a sua imperatividade e a denominação de *diretor*. Finalisticamente, o plano diretor é multifário, tendo função variada, na tentativa de alcançar não só o desenvolvimento econômico mas, identicamente, o social e o físico do território municipal. O plano deve prever o solo utilizável para indústrias e estabelecimentos comerciais novos, fomentando o crescimento qualitativo-quantitativo dos mercados, do sistema viário, das edificações, etc. Neste ponto, o que se busca é o desenvolvimeto econômico, umas das facetas pretendidas pelo plano diretor. Há o conseqüente aumento da urbanificação acompanhado pelo desenvolvimento econômico.

Visualiza-se, também, o desenvolvimento físico do território, ao se planificar e ordenar o solo urbano, indicando-se regras quanto a edificações, reformas prediais, liberdade ou vedação de construir e disposições acerca do parcelamento mínimo do solo. Não só isto. Quanto ao desenvolvimento físico, há mais abrangência. Deve-se dispor sobre sistema viário, arruamento, estradas, localização de áreas verdes, etc. E mais: são estabelecidos zoneamentos para uniformizar o uso do solo, destinando-se zonas para o comércio, para a indústria, para edificações particulares, etc. Tudo sistematizado a fim de evitar degradações ambientais e se respeitando o bem-estar dos habitantes.

O desenvolvimento social extraível do plano diretor é a sua finalidade humana. Neste instante, pensa-se no conforto dos munícipes, cumprindo-se, assim, o objetivo expresso do artigo ora anotado: "garantir o bem-estar de seus habitantes". Em busca da oferta de uma melhor qualidade de vida, indica-se a atuação na área da saúde, da educação, da habitação, do saneamento básico, do lazer e do esporte. Projetam-se equipamentos públicos, como postos de saúde, escolas, campos para prática de esportes e de recreação em geral. No desenvolvimento social, olha-se o destinatário dos serviços a serem prestados e dos espaços livres a serem utilizados.

    Entenda-se, porém, que estas visualizações do plano diretor, em suas facetas econômica, social e física, não se desenham como compartimentos estanques, cada um sendo planejado e executado separadamente. Tudo é um conjunto de finalidades que se resume na finalidade maior de oferecer aos habitantes vida mais digna. Além do mais, o próprio plano diretor, em seu conjunto, não deve ser de conteúdo estático. Executa-se-o continuamente, havendo reformulação de regras e critérios toda vez que tal se tornar necessário. O plano diretor, neste sentido, tem a natureza de estar sempre sujeito a aperfeiçoamentos.

2.4. Questionamentos

    Há duas sérias dúvidas a enfrentar, uma das quais já objeto de preocupações no item anterior. A interpretação do § 1º do artigo 182 em anotação pode levar a crer que, nos municípios de até vinte mil habitantes, havendo, como há, facultatividade no se editar o plano diretor, a utilização do solo urbano pode ser desordenada, sem o controle do poder público municipal, por não haver a lei do plano diretor? O tema está a exigir maiores explicitações. De outro lado, havendo mais de vinte mil habitantes e não editado, como impõe o texto constitucional, o plano diretor, como restarão o interesse público e o particular na ordenação do solo urbano?

    O município, qualquer que seja o número de habitantes, menor ou maior, tem seus Poderes constituídos: Prefeito, Vice-Prefeito e Câmara de Vereadores eleitos. Impensável, no que interessa, município brasileiro sem Câmara de Vereadores. Basta ler o artigo 29 da Constituição Federal. De outro lado, identicamente, deve-se reger por disposições legais que o auto-organizem, que é a Lei Orgânica do Município "votada em dois turnos, com o interstício mínimo de dez dias, e aprovada por dois terços dos membros da Câmara Municipal, que a promulgará..."(art. 29 da CF). Em outros termos, indispensáveis no ente federativo municipal a Câmara de Vereadores e a Lei Orgânica.

Ademais, é da competência de todo município tratar da matéria elencada no artigo 30 da Carta de 1.988, incluídos nela, expressamente, o "criar, organizar e suprimir distritos" (inc. IV) e "o promover, no que couber, adequado ordenamento territorial, mediante planejamento e controle do uso, do parcelamento e da ocupação do solo urbano"(inc. VIII). Ressalta-se que estas atribuições não estão dispensadas para os municípios de até vinte mil habitantes, nem haveria dispensa automática pelo fato de ser facultativa a edição do plano diretor. São coisas diferentes e inconfundíveis.

O plano diretor dispensado pelo § 1º do artigo 182 da CF é quanto a seu aspecto formal - relatórios, mapas, etc. -, porque significa gastos com técnicos e despesas que os pequenos municípios não podem enfrentar. Como conseqüência, se dispensa a unificação das normas urbanísticas em, normalmente, uma lei. Contudo, a ordenação do solo urbano, o seu controle de uso, etc., continuam sendo tratados pelos legisladores municipais. Devem indicar, na Lei Orgânica, os instrumentos a serem utilizados no desenvolvimento urbano e legislarem ordinariamente, em complemento. Disto não estão dispensados (Diomar Ackel Filho, *opus cit*.).

O fato de, embora obrigatório o plano diretor, não ter sido o mesmo editado, desenha, a nosso ver, uma evidente inconstitucionalidade por omissão. A hipótese, por isso, é de ação direta de inconstitucionalidade com base no artigo 102, I, "a", combinado com o artigo 102, § 2º, e 102, *caput* ("precipuamente, a guarda da Constituição") da CF. Ressalva-se, porém, como bem lembrou Celso Ribeiro Bastos (*Opus cit*., p. 205), que, constando da Constituição Estadual, regra quanto à obrigação dos municípios de editarem seus planos diretores, a ação direta de inconstitucionalidade deve ser ajuizada perante o Tribunal de Justiça do Estado (art. 125, § 2º, da CF).

2.5. Função social e propriedade urbana

A função social é o freio que atua na extensão do exercício do direito dominial, tornando-o limitado; é o elemento que secundariza o interesse individual, priorizando o interesse da coletividade. O melhor entendimento desta função passa, necessariamente, por uma observação histórica. O Código Napoleônico conceituava a propriedade como o direito de gozar e de dispor das coisas "de la manière le plus absolute". O Código Civil italiano de 1.865 dizia que a propriedade era o direito de gozar e dispor da coisa na "maniera piu assoluta". Este *mais absoluto* dava ao exercício dominial a sua ilimitação, informada somente pelo interesse do proprietário.

No Brasil, escreveu-se no Código Civil, que é de 1.916, que "o domínio presume-se exclusivo e ilimitado..." (art. 527), embora Clóvis Bevilaqua (1.942, p. 61) tenha explicado que "não se o pode considerar absoluto e sem restrições", pois "ilimitado, na linguagem do Código, equivale a pleno", que fora tema do artigo 525. A função social da propriedade, que apareceu nas Constituições de 1.934, 1.937, 1.946, 1.967/69 e na atual, tem o específico objetivo de limitar o exercício do domínio, adequando-o ao interesse da coletividade.

Assim, face à função social da propriedade, o *dominus* exerce os direitos de proprietário, com o exercício limitado de conformidade com os interesses sociais. A função social tem, por isso, o objetivo de restringir o exercício, afastando o exclusivo interesse individual e dando primazia ao interesse social. Esta é a compreensão moderna da propriedade. Na verdade, porém, embora tranquilo o objetivado pela função social, havia certa dificuldade para se afirmar o que resultaria do *quantum* de exercício dominial após a incidência da função social. O tema tinha tudo para ser conflitante e polêmico, ao se perguntar qual o limite da extensão do domínio. A omissão da lei quanto à definição de critérios para indicação dos limites do exercício do domínio ou no não indicar, com mais precisão, o conteúdo da função social, era a permissão de interpretações doutrinárias não-coincidentes ou, por genéricas em demasia, serem insatisfatórias. O único ponto certo era o de que a função social se dirigia ao exercício do domínio, limitando-se os poderes de usar, fruir e dispor. Mas a função social significaria, além de limitar o exercício, também impor um mínimo de exercício, dando-se utilidade ao domínio? Limitação que significasse não poder ir *além* de um limite, que seria o máximo, nem *aquém* de outro limite, que seria o mínimo, seria o exato entendimento da função social?

Na Carta de 1.988, buscou o constituinte, preenchendo o vazio existente, dar uma melhor compreensão da função social tanto das terras urbanas como das rurais. Relativamente às primeiras, normatizou que "a propriedade urbana cumpre sua função social quando atende às exigências fundamentais de ordenação da cidade expressas no plano diretor" (§ 2º). O parâmetro está no que se contiver na referida lei. Solucionou, também, a questão vinculada ao mínimo do exercício, visto que, como se verá no próximo item, a não-edificação, subutilização ou a não-utilização adequada do solo podem ser vícios configurantes da violação da função social da propriedade.

2.6. Desapropriação

No artigo ora anotado, há duas espécies de desapropriação. Uma, no § 3º, qualificada como *normal*, e outra, no § 4º, III, induvidosamente *excepcional*, à qual se poderia denominar de punitiva. Vejamos, inicialmente, a primeira delas, somente no que diz respeito ao que interessa às presentes anotações. A desapropriação normal nada mais é que a referida no artigo 5º, XXIV, da CF. Explica-se a repetição normativa para que se aclare que a excepcional convive, na política de desenvolvimento urbano, com a referida no artigo 5º. Daí se pode afirmar que o pressuposto do ato desapropriatório normal ou será a necessidade ou utilidade públicas ou o interesse social.

Para esta espécie de desapropriação, confirma-se que, quando ela se realizar, exige-se a "prévia e justa indenização em dinheiro". Esta cláusula de indenização, em território brasileiro, iniciou-se em 21 de maio de 1.821, por decreto de D. Pedro I, Príncipe Regente, e sempre esteve presente nos textos constitucionais brasileiros, desde o de 1.891. O que se ressalta na garantia não é só haver o justo e prévio ressarcimento pela perda da propriedade do desapropriado mas, fundamentalmente, que este ressarcimento se dará em dinheiro, mais propriamente em moeda corrente nacional, cujo poder de disponibilidade é imediato.

A desapropriação excepcional indicada no inciso III do § 4º do artigo ora anotado também é mediante indenização, mas não em dinheiro. Será na forma de títulos de dívida pública de emissão do ente desapropriante, o pertinente município, após aprovação do Senado Federal. Além do mais, os títulos têm o prazo de resgate "de até dez anos, em parcelas anuais, iguais e sucessivas, assegurado o valor real da indenização e os juros legais". A opção pela forma de pagamento, em títulos e não em dinheiro, não está na área da discrição do ente público. É uma questão de motivação ou pressuposto.

A desapropriação excepcional tem como pressuposto justificador o não-cumprimento específico da função social da propriedade urbana. A especificidade se localiza no fato de o solo urbano não ser edificado, utilizado ou haver subutilização. A simples necessidade ou utilidade públicas ou o interesse social são insuficientes para justificarem a indenização por títulos de dívida pública. Há exigência, repete-se, de prejuízo à política de desenvolvimento urbano, face à não-edificação, à não-utilização ou a utilização inadequada. Fora do motivo justificador e da forma de pagamento, tem a mesma natureza jurídica de qualquer desapropriação.

A medida da desapropriação excepcional não pode ser executada imediatamente à ocorrência da causa justificadora. Outras medidas necessitam ser tomadas anteriormente pelo poder público municipal e se demonstrarem insatisfatórias à solução do problema. A Constituição, referindo-se ao conjunto de medidas, acrescenta "sob pena, sucessivamente..." Evidente a sucessividade de medidas, a culminar com a desapropriação excepcional. Em seguimento, as medidas a serem adotadas, anteriormente à desapropriação, são o parcelamento ou edificação compulsórios e a progressividade no tempo do IPTU, ambas com apoio em lei federal.

O parcelamento e a edificação, ambos compulsórios, não são medidas sucessivas, sim alternativas. Esta compreensão leva a um questionamento: a opção por uma delas cabe ao poder público municipal ou ao proprietário? No sentido de que cabe ao titular do domínio é o magistério de Celso Ribeiro Bastos (*Opus cit.*, p. 224) e J. Cretella Júnior (*Opus cit.*, p. 4.207). Também assim pensamos. Insere-se no *jus utendi* do proprietário o direito de, livremente, escolher como dar ao solo urbano a utilidade que preenche a função social. O fato de haver compulsoriedade nas medidas não esgota o direito do dono de optar pelo que lhe pareça mais conveniente. O interesse público buscado para o desenvolvimento urbano é alcançado pela opção do proprietário.

Não exitosa a medida aplicada, visto não ter havido nem edificação nem o parcelamento do solo, segue-se a segunda medida: progressividade do imposto predial e territorial no tempo. Entenda-se. As alíquotas do IPTU são aumentadas conforme a passagem do tempo, sem que tal medida possa chegar a uma taxação que signifique confisco. A lei federal, já referida anteriormente, dirá por quanto tempo haverá a progressividade e qual o tempo necessário para se entender que a medida não alcançou êxito, a fim de se aplicar a desapropriação excepcional ou punitiva.

3. Artigo 183

> Aquele que possuir como sua área urbana de até duzentos e cinqüenta metros quadrados, por cinco anos, ininterruptamente e sem oposição, utilizando-a para sua moradia ou de sua família, adquirir-lhe-á o domínio, desde que não seja proprietário de outro imóvel urbano ou rural.
> § 1º O título de domínio e a concessão de uso serão conferidos ao homem ou à mulher, ou a ambos, independentemente do estado civil.
> § 2º Esse direito não será reconhecido ao mesmo possuidor mais de uma vez.
> § 3º Os imóveis públicos não serão adquiridos por usucapião.

3.1. Observações gerais

O usucapião no Código Civil, comportando duas espécies - o ordinário e o extraordinário, respectivamente em 10 ou 15 e 20 anos -, existe no Brasil desde a Independência, face à adoção das Ordenações Filipinas. O usucapião tratado no artigo ora anotado é usucapião urbano necessitado de cinco anos de posse e com requisitos mais específicos do que o existente na lei civil. Em conseqüência da especificidade dos pressupostos, a exigência do tempo prolongado de posse é quantitativamente menor e, por isso, mais benéfica ao usucapiente. Toda esta matéria ja tivemos oportunidade de examinar em outro livro (Tupinambá Miguel Castro do Nascimento, 1.992, pp. 192/254), para o qual remetemos o leitor.

Ressalta-se, porém, que o usucapião do artigo 183 da CF é novo no ordenamento jurídico brasileiro. Antes da Constituição de 1.988 ele inexistia. As circunstâncias fáticas configuradoras do que se denomina de usucapião urbano constitucional, ou usucapião urbano qüinqüenal, sempre existiram, mas o direito brasileiro não tinha dado a tais circunstâncias a significação jurídica de aquisição da propriedade. O tempo somente servia para ser computado no usucapião do Código Civil. O constituinte de 1.988, como princípio aplicável na política de desenvolvimento urbano e buscando propiciar a alguns, necessitados, a aquisição da propriedade pelo prolongamento da posse, o adotou.

O que previa o artigo 147 da Constituição de 1.946, com promoção da justa distribuição da propriedade, nada tinha a ver com usucapião. Com efeito, tendo por base o interesse social, poderia haver a desapropriação da área de terras (Sampaio Dória, 1.960, p. 709) para, após, a área expropriada ser objeto de venda ou locação, "a quem estiver em condições de dar-lhes a destinação social prevista" (art. 5º da Lei nº 4.132, de 10 de setembro de 1.962).

O usucapião urbano do Texto Supremo não pode ser adquirido por pessoa jurídica, qualquer que ela seja. O impedimento não está na expressão *aquele que*, embora possa dela se extrair a idéia de que se limita à pessoa física, porque a mesma expressão constante do artigo 550 do Código Civil admite o usucapião das pessoas jurídicas. O fato é que esta espécie de usucapião se refere a imóvel utilizado "para sua moradia ou de sua família". Os requisitos de *moradia* ou *família* são demonstrativos de não haver suporte fático adequável e suficiente para se pensar em legitimação de pessoa jurídica.

Deste modo, o usucapião constitucional beneficia só as pessoas físicas. O brasileiro nato ou naturalizado está entre os legitimados. O que se tem que enfatizar é que nenhuma lei infraconstitucional, seja complementar, seja ordinária, pode excluir do direito o brasileiro por ser naturalizado. A Carta de 1.988 tem regra que tornaria tal lei inconstitucional (art. 12, § 2º) e, por isso, sem eficácia qualquer. Identicamente o estrangeiro aqui residente está legitimado para esta espécie de usucapião. No artigo 5º, *caput*, da CF, garante-se ao estrangeiro aqui residente o direito à propriedade, da qual o usucapião é uma das formas de aquisição.

A pessoa física, assim, pode usucapir na forma do artigo ora anotado, "desde que não seja proprietária de outro imóvel urbano ou rural". Esta cláusula, em se tratando de usucapião qüinqüenal rural, existe no Brasil desde a Constituição de 1.934 (art. 125), manteve-se nas Constituições de 1.937 (art. 148), de 1.946 (art. 156, § 3º) e na atual (art. 191). A indagação que se faz é se a expressão *não ser proprietário rural ou urbano* deve ser interpretada gramaticalmente, no sentido de que qualquer propriedade imóvel por mais ínfima ou inútil que seja exclui o titular do usucapião de que se trata ou se deve dar uma interpretação socioteleológica para beneficiar todo *necessitado* de imóvel para morar.

É possível que a pessoa física, por exemplo, seja titular de uma pequena dimensão de terra, insuficiente para qualquer construção ou moradia, mesmo porque a lei municipal, face à área ínfima, estaria a proibir qualquer edificação. Esta pessoa física é, sem dúvida, proprietária urbana, mas em condições insuficientes para manter uma moradia para si própria e sua família. De um lado, caracterizar-se-ia como um necessitado à aquisição de terra como se não tivesse qualquer bem imóvel. De outro lado, se afigura como titular do domínio de um imóvel, mesmo que insuficiente às suas necessidades. Qual a interpretação a se dar na área da legitimidade para usucapir?

O elemento teleológico, bem como o referente a fatores sociais utilizáveis na interpretação do direito privado, também são usáveis na hermenêutica do direito constitucional (Carlos Maximiliano, *opus cit.*, pp. 306 e 314). O mesmo publicista, à página 305, relativamente às normas constitucionais, diz deverem "as instituições ser entendidas e postas em função de modo que correspondam às necessidades políticas, às tendências gerais da nacionalidade, à coordenação dos anelos elevados e justas aspirações do povo".

Assim, quando a Constituição fala em não ser proprietário rural ou urbano, está pensando no necessitado de moradia para si e sua família. Em outros termos, aquele que não tem condições, mesmo sendo proprietário, de satisfazer suas necessidades de habitação. A cláusula da norma constitucional deve ser entendida como se assim estivesse escrito: *não ser proprietário urbano ou rural em condições de ter, por si próprio, uma moradia*. Dando-se esta interpretação à norma constitucional, o artigo 183 passa a beneficiar os necessitados, os verdadeiros destinatários da norma.

Quem adquire por usucapião urbano constitucional, outrossim, passa a ser proprietário pleno, com ampla disponibilidade do imóvel usucapido. Pode, querendo, aliená-lo a terceiro, negociando-o. Voltaria com este expediente a ser novamente necessitado, fazendo jus a novo usucapião qüinqüenal? O constituinte, com vista a evitar as negociações contrárias à solução de dar moradia a quem necessite, dispôs que o direito ao usucapião urbano especial só pode ser exercido uma única vez (§ 2º). Em outros termos, quem já tenha sido beneficiado com o usucapião urbano constitucional ilegitima-se para novo usucapião da mesma espécie.

3.2. Posse

Toda e qualquer espécie de usucapião nada mais é que a transformação de uma relação possessória em titularidade dominical. Na verdade, o ato de transformação é sempre exigente de que a posse seja qualificada nos termos indicados na norma positiva, não bastando o simples fato da posse com o elemento subjetivo do *affectio tenendi*. Para efeito do usucapião, qualquer que seja, a posse deve ser exercida, necessariamente, *animus domini*, ou seja, por quem, conhecendo ou não o domínio alheio, não o respeita, exercendo o conteúdo da relação possessória se tendo como proprietário. A posse simplesmente *affectio tenendi*, com respeito ao domínio de outrem, é posse inservível ao usucapião.

Juntamente com o *animus domini*, deve ser posse com exercício ininterrupto e sem oposição, manifestando-se durante todo o prazo para usucapir como posse mansa e pacífica. Entenda-se. Tais requisitos são exigíveis para qualquer espécie de usucapião, sendo que, em algum caso, desimporta se há vício objetivo - violência, clandestinidade ou precariedade na aquisição da posse - ou vício subjetivo - a ocorrência de má-fé em sua aquisição ou mantença. O usucapião urbano constitucional atende a todos estes pressupostos - nenhuma relevância tem ser a posse injusta ou de má-fé - mas a especifidade da posse está localizada em outras circunstâncias, que serão examinadas a partir de agora.

O elemento material da posse normalmente se dá através da apreensão, ou contato físico. Mas não deixa de haver elemento material, o *corpus*, se há simples disponibilidade, que significa ter o contato físico a hora que queira. Basta esta última caracterização, o haver disponibilidade, para se estruturar a relação possessória e, havendo o *animus domini*, a ocorrência do usucapião da legislação civil codificada. Identicamente, o exercício da posse, pelo Código Civil, pode se dar através de terceiro, e, como tal, o usucapião admite tal realidade para beneficiar não o terceiro, mas aquele em nome de quem ocorre o exercício possessório.

O usucapião urbano constitucional inadmite as formas de elemento material que signifiquem mera disponibilidade ou exercício através de terceiro. A posse tem que ser, durante todo o qüinqüênio, *pessoal*. Há essencialidade que o possuidor tenha o contato físico com o imóvel usucapiente, o efetivo uso contínuo, durante os cinco anos. E com a utilização indicada no texto constitucional: "para sua moradia ou de sua família". É, assim, a necessidade de posse pessoal informada pela destinação de moradia, destinação esta dada pelo possuidor prescribente, e não a pretendida pelo proprietário, o que desimporta na hipótese.

Destinar-se o imóvel possuído para outra função que não seja a moradia não dá suporte ao usucapião do artigo 183 da Constituição. Isto não significa dizer que a destinação para moradia deva ser exclusiva. Pode haver destinação mista: moradia e se ocupando parte da área para abrir um bar ou plantar. Este *plus* de destinação não afeta o direito ao usucapião urbano constitucional. Isto porque também existe a destinação moradia, por sinal se afigurando como preponderante. Esta interpretação atende melhor o sentido da norma constitucional.

A posse, como já se enfatizou, deve ser *pessoal* durante o qüinqüênio. Esta compreensão afasta do usucapião urbano constitucional a incidência dos artigos 496 e 552 do Código Civil, no concernente à sucessão singular. A cessão e transferência da posse, por ato *inter vivos* ou por legado de possuidor que tem o tempo de posse incompleto, não faculta que o sucessor acrescente como seu, para o qüinqüênio, o prazo do antecessor. Sendo a posse pessoal, todo o prazo qüinqüenal deve ser do mesmo prescribente. Deste modo, inaplicável no usucapião de que se trata o instituto do *acessio possessionis*.

Há, sem dúvida, validade jurídica na cessão e transferência. O adquirente passa a ser o possuidor. E se preencher a relação possessória com contato físico para moradia e outros requisitos do usucapião, passa à situação de prescribente, mas sem poder unir à sua posse a do cedente. Trata-se de posse nova que deverá, para significar aquisição do domínio, alcançar o prazo de cinco anos. Como se sabe, nas duas espécies de usucapião do Código Civil - extraordinário e ordinário -, incide a regra da sucessão singular, como previsto no artigo 552 da lei civil codificada.

O artigo 552 referido trata, ainda, da sucessão universal, ou da *sucessio possessionis*. Em outras palavras, da situação em que, por falecimento do prescribente, a posse se transfere, pela regra da saisina, desde logo para os herdeiros legítimos e testamentários (art. 1.572 do Código Civil). Como ressalta o artigo 496 do mesmo diploma legal, "o sucessor universal continua de direito a posse de seu antecessor". Este efeito jurídico tem eficácia nas modalidades de usucapião do Código Civil, computando-se, no prazo necessário, o tempo do *de cujus*. Aludida eficácia também existe no usucapião urbano constitucional, isto é, aplica-se o *sucessio possessionis*?

Na regra geral, não. O fato de a posse dever ser pessoal afasta a sucessão universal, pela evidente incompatibilidade da soma das posses de titulares diferentes com a pessoalidade da posse. Contudo, a doutrina e a jurisprudência têm criado exceções, considerando que o usucapião constitucional busca beneficiar a família. Ora, se no prazo de aquisição do domínio, a posse *pro habitatio* se destinava à entidade familiar, parece injustificável que a morte do prescribente apague todo tempo de relação possessória, desbeneficiando a família. Daí as exceções.

A compreensão de *família* que interessa ao usucapião do artigo ora anotado não é necessariamente a originada da consangüinidade ou afinidade com base no casamento civil. O reconhecimento social e, agora, constitucional da união estável como entidade familiar (art. 226, § 3º, da CF), dá a este fato a eficácia de originar uma família. É a ampliação conceitual. Contudo, para o usucapião urbano constitucional, compõem a família somente os que morarem sob o mesmo teto, a moradia de que fala a norma constitucional. Aqui, o conceito sofre esta restrição fática para efeito de aplicação excepcional da *sucessio possessionis*.

3.3. Imóvel usucapível

Imóvel usucapível na modalidade de usucapião urbano constitucional é, como primeiro pressuposto, aquele com a destinação de moradia do usucapiente e/ou de sua família, destinação econômica esta dada pelo possuidor. Desimporta a destinação pretendida pelo proprietário. Mesmo que tenha sido ou pretendidamente outra, o dado relevante é aquela destinação econômica que nasce do fato da posse prolongada que se transmudará em domínio. Além deste pressuposto, existem outros dois. Um, relativamente à localização do imóvel usucapido, e outro, concernentemente à sua dimensão. É o que se verá, objetivamente, em seguimento.

Com esta destinação econômica, a de moradia, poder-se-ia usucapir na forma do artigo ora anotado, em zona considerada rural? Ressalte-se que, na zona rural, pode haver a destinação de moradia que se apresente como exclusiva ou preponderante. Suscetibilidade fática há, portanto, para preenchimento do pressuposto possessório do usucapião urbano constitucional. Outro dado que poderia ser utilizado para o entendimento da possibilidade do usucapião do artigo 183 da CF em zona rural é de que, para o usucapião rural constitucional (art. 191), exige-se que a área usucapível, além da destinação de agrariedade, seja em zona rural, enquanto para o urbano nada é dito.

Não obstante estas observações, entendemos que o usucapião do artigo em anotação só se faz presente em zona urbana, sendo esta a orientação da normatividade constitucional. A localização tópica do artigo 183 é fundamental à solução do problema. Ele está localizado no Capítulo referente à política urbana e em seguimento ao que trata da política de desenvolvimento das áreas em zona urbana. Não se trata de norma heterotópica ou semi-heterotópica. Topograficamente é direito de usucapir criado para a zona urbana, tendo a zona rural um específico usucapião qüinqüenal (art. 191 da CF).

Este argumento interpretativo, a que se denomina de *pro subjecta materia*, é estudado por Carlos Maximiliano (*Opus cit.*, pp. 267/269) que, após afirmar que "o valor de cada regra, ou frase, varia conforme o lugar em que se acha", cita o magistério de Duplin: "o sentido e as palavras da lei devem afeiçoar-se ao título sob o qual se acham colocados; ampliem-se ou restrinjam-se conforme o assunto a que estão subordinados". Os artigos 182 e 183 estão situados no Capítulo da Política Urbana e se coordenam seus conteúdos normativos às finalidades do tema do Capítulo.

A área urbana usucapível é "de até duzentos e cinqüenta metros quadrados". Enfatiza-se que a dimensão máxima da área usucapível nada tem a ver com a unidade predial ou territorial, conforme registrada no Registro de Imóveis. A extensão da unidade registrada pode ultrapassar a dimensão máxima prevista constitucionalmente. O importante, para o usucapião de que se trata, é a dimensão da área usucapida efetivamente possuída pelo usucapiente. Desde que, durante o qüinqüênio, haja a exata demarcação da área possuída, mesmo que fazendo parte de um todo maior, estar-se-á diante do usucapião do artigo ora anotado.

Os duzentos e cinqüenta metros quadrados se referem à superfície do terreno ou à área construída? Não temos a menor dúvida de que as áreas com superfície superior à dimensão indicada no texto constitucional não são usucapíveis na forma do artigo ora anotado. Não fosse por outro argumento, o seria pela circunstância de que, quando se fala em metragem quadrada de uma área, está se pensando na resposta a um cálculo que considere dois elementos: a metragem da frente multiplicada pela de fundo. Em outros termos, a área da superfície. A interpretação do texto constitucional não pode fugir a esta realidade.

Contudo, resta uma preocupante situação: a dos apartamentos e a dos sobrados. Como se sabe, no condomínio de apartamentos, "a cada unidade caberá, como parte inseparável, uma fração ideal do terreno e coisas comuns, expressa sob forma decimal ou ordinária"(§ 2º do art. 1º da Lei nº 4.591/64). Deste modo, pode haver apartamento com área construída de mais de duzentos e cinqüenta metros quadrados, embora a dimensão da superfície seja ínfima. O mesmo fenômeno pode ocorrer relativamente a sobrados, com área construída superior a duzentos e cinqüenta metros quadrados.

O se entender que só é pressuposto do usucapião a dimensão da superfície, estará possibilitando o usucapião urbano constitucional sobre luxuosos apartamentos e prédios assobradados sem limite de área construída, o que é por demais preocupante. Daí a razoável interpretação feita por Celso Ribeiro Bastos (*Opus cit.*, p. 231): "Para nós, a área urbana a que se refere a Constituição deve ser entendida em razão do terreno quanto da construção". A matéria só terá melhor solução, pretorianamente.

3.4. Título de domínio e concessão de uso

Sabidamente, por regra legislativa, o parágrafo se limita ao tema normativo do cabeço do artigo. O *caput* do artigo 183 trata de usucapião em que, como conseqüência, haverá aquisição de domínio. O § 1º é parcialmente lamentável, porque se baseia num evidente equívoco da norma. Onde se fala em domínio usucapido não se pode falar em concessão de uso usucapido porque, na concessão, há a reserva de domínio para o proprietário. O domínio, sem a menor dúvida, abrange a concessão de uso, mas esta é separável daquele. Por isso, a concessão de uso no parágrafo em exame não tem o menor sentido e se torna, na norma, sem possibilidade de interpretação.

Celso Ribeiro Bastos (*Opus cit.*, p. 237) chega à idêntica conclusão ao dizer que "no presente artigo a concessão de uso não encontra nenhuma guarida, uma vez que equivaleria a sonegar o direito que solenemente o *caput* assegura". J. Cretella Júnior (*Opus cit.*, p. 4.223) diz que a expressão concessão de uso é das mais infelizes: "Ora, quem tem o *domínio* é o *dominus*, e, nesse caso, tendo o *domínio*, 'que é o mais', terá o *uso*, decorrente do domínio, 'que é menor', pelo que é dispensável, no texto, a frase 'concessão de uso', redundante, pleonástica".

Excluída a expressão *concessão de uso*, o que resta do parágrafo é uma obviedade e uma indagação. O óbvio: a união estável existe, sendo partes homem e mulher, nenhum deles estando diante do bem objeto de usucapião como simplesmente detentor. O que há, sem a menor dúvida, é relação compossessória, homem e mulher titulares da posse qualificada e beneficiados pela aquisição por usucapião. Assim, o reconhecimento sentencial do domínio deverá ser para ambos os compossuidores, "independentemente do estado civil". Casados ou não, declara-se o usucapião em favor dos dois, que passam a ser condôminos.

No usucapião judicial, outrossim, não se concede qualquer título de domínio. O que há é sentença declaratória de procedência que, servindo como título, é levada para registro no Registro de Imóveis. É o que dizem o artigo 550 do Código Civil e o artigo 945 do Código de Processo Civil. Assim compreendido, falar-se em *título de domínio* no parágrafo em exame seria outro lamentável equívoco. Entendemos, porém, que se pode dar à norma uma interpretação que esteja em conformidade com o ordenamento jurídico brasileiro.

A Lei nº 6.969, de 10 de dezembro de 1.981, no § 2º do artigo 4º, dizia que "no caso de terras devolutas, em geral, a usucapião especial poderá ser reconhecida *administrativamente*, com a conseqüente expedição de *título definitivo de domínio*" (os grifos são nossos). O Decreto nº 87.620, de 21 de setembro de 1.982, dispunha "sobre o *procedimento administrativo* para o reconhecimento da aquisição, por usucapião especial, de imóveis rurais compreendidos em terras devolutas", falando-se, mais adiante, em se "expedir o *título de domínio*"(os grifos são nossos). O § 1º do artigo 183, ora anotado, poderia significar recepção constitucional do usucapião administrativo de terras devolutas.

Entretanto, o § 3º do artigo em comento regra que "os imóveis públicos não serão adquiridos por usucapião". Ora, se entendermos que a natureza do bem público nasce do fato da titularidade dominial ser de uma pessoa jurídica de direito público, no caso, da União e dos Estados, conforme normatiza o artigo 65 do Código Civil, as terras devolutas são imóveis públicos por força dos artigos 20, II, e 26, IV, da CF e, por isso, inusucapíveis. Sendo assim, não existe mais o usucapião por procedimento administrativo, e a interpretação que se dê ao § 1º, como sendo recepcionado pelo texto constitucional, seria equivocada. A solução deste conflito será enfrentada nas anotações ao artigo 188 da CF, para onde se remete o leitor.

Capítulo III

POLÍTICA AGRÍCOLA E FUNDIÁRIA E REFORMA AGRÁRIA

1. Artigo 184

Compete à União desapropriar por interesse social, para fins de reforma agrária, o imóvel rural que não esteja cumprindo sua função social, mediante prévia e justa indenização em títulos da dívida agrária, com cláusula de preservação do valor real, resgatáveis no prazo de até vinte anos, a partir do segundo ano de sua emissão, e cuja utilização será definida em lei.

§ 1º As benfeitorias úteis e necessárias serão indenizadas em dinheiro.

§ 2º O decreto que declarar o imóvel como de interesse social, para fins de reforma agrária, autoriza a União a propor a ação de desapropriação.

§ 3º Cabe à lei complementar estabelecer procedimento contraditório especial, de rito sumário, para o processo judicial de desapropriação.

§ 4º O orçamento fixará anualmente o volume total de títulos da dívida agrária, assim como o montante de recursos para atender ao programa de reforma agrária no exercício.

§ 5º São isentas de impostos federais, estaduais e municipais as operações de transferência de imóveis desapropriados para fins de reforma agrária.

1.1. Generalidades

Toda desapropriação deve ter por supedâneo um dos motivos indicados constitucionalmente no artigo 5º, XXIV: necessidade ou utilidade pública ou interesse social, através de justa e prévia indenização em dinheiro. Todavia, se a finalidade desapropriatória for a reforma agrária, com distribuição de terras a quem não as tem e delas necessite, o motivo justificador deverá ser o interesse social, assegurando-se, com parcial exceção, indenização ao expropriado, mediante títulos de dívida agrária. A exceção diz respeito às benfeitorias necessárias e úteis, que serão necessariamente pagas em dinheiro.

O ordenamento jurídico não conceitua o que seja interesse social. Entretanto, parece razoável que se o defina pela destinação a ser dada ao bem desapropriado, transferindo-se, posteriormente, a propriedade ou se concedendo seu uso a quem não possui área de terras para cultivar. A finalidade específica da expropriação preenche de conteúdo o interesse qualificado como social. O importante a ressaltar é que a Lei Complementar nº 76, de 6 de julho de 1.993, editada por força do § 3º do artigo ora anotado, diz que a contestação do expropriado não pode discutir o interesse social declarado (art. 9º).

Com efeito, a ação de desapropriação depende, para ser ajuizada, de um ato formal prévio: a expedição de decreto declaratório de que o imóvel especificado para ser desapropriado o é por interesse social. Esta declaração é intocável pelo Judiciário, visto que qualquer alegação que pretenda discuti-la está excluída da resposta do expropriado e da apreciação judicial. Há, na verdade, uma presunção absoluta que a declaração é verdadeira, inadmitindo prova em contrário. O reflexo deste entendimento no processo judicial é impedir qualquer discussão acerca do interesse social, dispensando-se qualquer prova a respeito (art. 334, III, do CPC).

O decreto declaratório, porém, embora a eficácia probatória que lhe é inerente, tem eficácia temporal limitada. Diz o artigo 3º da Lei Complementar nº 76/93 que a ação "deverá ser proposta dentro do prazo de dois anos, contado da publicação do decreto declaratório". Este prazo caracteriza-se como decadencial, para se concluir que o ajuizamento após o biênio não é admitido, por ter o poder expropriante caducado do direito ao exercício desapropriatório. É o entendimento doutrinário pacífico (Hely Lopes Meirelles, *opus cit.*, p. 512, e Celso Antonio Bandeira de Mello, *opus cit.*, pp. 379/380).

A competência para legislar sobre desapropriação é privativa da União (art. 22, I, da CF). Legislado, seja a desapropriação por necessidade ou utilidade pública, seja por interesse social, desde que para outros fins não relacionados à reforma agrária, a União pode dispor sobre a competência expropriatória, entregando-a aos Estados, Distrito Federal e Municípios. Contudo, se o objetivo é a reforma agrária, obviamente por interesse social, só pode ser poder expropriante a União. Nenhuma dúvida a respeito, face à explicitude da norma constitucional em exame.

A regra de que à desapropriação deve preceder pagamento de justa indenização só cede diante da hipótese prevista no artigo 243 da CF, em que há expropriação "sem qualquer indenização ao proprietário". A especificidade para a desapropriação da reforma agrária é que a justa indenização, pelo menos da terra nua, é paga através de títulos de dívida agrária. Ao invés de dinheiro, moeda corrente nacional, títulos a serem resgatáveis posteriormente, com as garantias de resgatabilidade e utilização a serem examinadas mais adiante.

A questão inicial da indenização está em ser *justa*. Em outras palavras, significar o exato ressarcimento ao expropriado do prejuízo que suportará com a perda do patrimônio, face à desapropriação do imóvel. A Lei nº 8.629, de 25 de fevereiro de 1.993, em seu artigo 12, afirma esta idéia: "Considera-se justa a indenização que permita ao desapropriado a reposição, em seu patrimônio, do valor do bem que perdeu por interesse social". Quanto ao conceito, a idéia é inatacável. Mas como se proceder ao cálculo?

A lei elenca dados para apreciação e avaliação do bem desapropriado, considerando-se para o valor da terra nua a localização do imóvel, sua dimensão e capacidade potencial, como aspectos preponderantes além de outros. Em se tratando de benfeitorias úteis e necessárias, o seu valor atual descontado de sua depreciação considerado seu estado de conservação. Tais dados serão levantados nos setores e órgãos públicos encarregados de avaliação imobiliária, nos tabelionatos e cartórios de Registro de Imóveis e por referenciais mercadológicos. Utilizando-se de todos estes informes técnicos, haverá a necessária perícia.

As benfeitorias existentes no imóvel desapropriado, desde que úteis e necessárias, deverão ser indenizadas em dinheiro, isto é, em moeda corrente nacional de curso forçado no País. A Constituição não define o que sejam benfeitorias necessárias e úteis. Neste ponto, o texto constitucional recepcionou os conceitos da legislação civil codificada (art. 63 e §§ 2º e 3º do Código Civil). Há duas indagações que se formam. Concernentemente às benfeitorias voluptuárias, não só no que respeita à indenizabilidade em dinheiro ou em títulos, mas, notadamente, à própria necessidade de indenizá-las. Há, identicamente, as culturas e as pastagens. Seriam benfeitorias, indenizáveis em dinheiro, ou acessões, ressarcidas em títulos?

No que respeita às culturas e pastagens, se *naturais*, afasta-se sua caracterização como benfeitorias. No conceito do Código Civil, só é benfeitoria o que sobrevier por força da intervenção humana (art. 64). Não se tratando de benfeitoria, não há por que se pagá-las em dinheiro. Seu ressarcimento se dará em títulos de dívida agrária, juntamente com a terra nua. Contudo, se forem culturas e pastagens *artificiais*, que sobrevierem à terra por intervenção humana, ingressam no conceito de benfeitorias, no caso úteis, como é explicitado pelo artigo 12, § 1º, I, da Lei nº 8.629/93.

Referentemente às benfeitorias voluptuárias, pensamos, inicialmente, que se deve permitir ao expropriado levantá-las, quando possível sem detrimento da coisa. Caso contrário, perdê-las-á, sem qualquer ressarcimento. Parece incompatível com o motivo de reforma agrária que se as indenize, visto excluídas da agrariedade e, posteriormente, entregue ao beneficiário, como propriedade ou concessão de uso. A solução encontrada o foi por analogia com a situação prevista no artigo 516 do Código Civil.

1.2. Objeto desapropriável

O imóvel expropriável para fins de reforma agrária é o rural que não esteja satisfazendo sua função social. Pelo texto da norma constitucional, tem-se, em interpretação restritiva, que se trata de imóvel já definido pela destinação econômica de agrariedade, não importando a localização, e que não esteja, como exercício, cumprindo sua função social. A Lei nº 8.629/93, regulamentadora dos dispositivos constitucionais em exame, definiu, em seu artigo 4º, I, ser imóvel rural "o prédio rústico de área contínua, qualquer que seja a sua localização, que se destine ou possa se destinar à exploração agrícola, pecuária, extrativa vegetal, florestal ou agroindustrial".

Há um aparente desencontro entre a norma constitucional interpretada restritivamente e a infraconstitucional. A equivalência é percebida entre a interpretação que se dá ao texto constitucional quanto à destinação agrária já existente e caracterizante de imóvel rural e a expressão "que se destine" da regra subconstitucional. Contudo, esta é mais abrangente. Fala em que "possa se destinar". O imóvel não tem ainda destinação agrária, mas se define pela potencialidade. Possui condições para tanto, embora o proprietário ou qualquer outro ainda não tenha lhe dado a destinação econômica de agrariedade. O conceito de imóvel rural não se restringe ao exercício específico; alcança o potencial.

Nenhuma inconstitucionalidade, porque a norma infraconstitucional está conforme com o que se pode extrair do mandamento constitucional. Não fosse isto, bastaria o proprietário do imóvel não lhe dar qualquer uso, afastando qualquer destinação e, por isso, descumprindo qualquer função social, urbana ou rural, e o imóvel, embora todas as potencialidades agrárias, estaria fora da possibilidade de ser desapropriado para fins de reforma agrária. O conceito mais abrangente, alcançando potencialidades agrárias, se harmoniza com a política de reforma agrária e se extrai, por interpretação teleológica, da norma constitucional ora anotada.

A suscetibilidade da desapropriação reside no fato do imóvel, considerado pela lei como rural, não cumprir sua função social. Se já há destinação agrária, a função social não vem sendo exercida satisfatoriamente, conforme se verá nas anotações ao artigo 186 da CF. Ao contrário, se não existir ainda qualquer destinação rural, a suscetibilidade desapropriatória só se justifica quando há absoluta falta de função social, quer a própria dos imóveis rurais, quer a referida aos imóveis urbanos e já estudada nas anotações ao § 2º do artigo 182 da Carta de 1.988.

Esta interpretação de que, se tratando de imóvel rural por potencialidade agrária, basta o exercício da função urbana para torná-lo insuscetível de desapropriação por interesse social para fins de reforma agrária, consoa com o texto constitucional. O direito de propriedade é garantia constitucional, assegurando-se ao proprietário, entre outros poderes reflexos, o de disponibilidade e, neste, incluída a faculdade de dar ao objeto do domínio a destinação econômica que se afigure mais conveniente. Ninguém é obrigado a limitar a destinação econômica às potencialidades do solo. Incide, aqui, a regra do artigo 5º, II, da CF.

O estar cumprindo a função social suporta uma primeira conclusão de que o imóvel que se possa afigurar como razoavelmente produtivo é imóvel insuscetível de desapropriação para fins de reforma agrária. Logicamente, a inexpropriabilidade aparece por força de haver cumprimento da função social, modo satisfatório. A matéria será melhor examinada nas anotações a serem feitas no artigo 185, II, da CF. O mesmo ocorrerá referentemente a imóveis considerados como de média ou pequena propriedade rural, "desde que seu proprietário não possua outra" (art. 185, I, da CF). Remetemos, por isso, o leitor, para aquelas anotações.

1.3. Título da dívida agrária

O valor encontrado para avaliação da terra nua, considerando-se também as culturas e pastagens naturais, será indenizado previamente com títulos de dívida agrária, e não em dinheiro. A Constituição, no cabeço do artigo ora anotado, busca caraterizar tais títulos: "com cláusula de preservação do valor real, resgatáveis no prazo de até vinte anos, a partir do segundo ano de sua emissão, e cuja utilização será definida em lei". Mais adiante, no § 4º, é determinado que o orçamento da União fixará, anualmente, "o volume total de títulos de dívida agrária", compatibilizando-se, assim, a execução das desapropriações com as possibilidades do erário.

Paulo Torminn Borges (1.987, p. 70) sustentou, na vigência da Constituição de 1.969, que "os textos constitucionais que tratam da desapropriação apenas marcam os limites de ação do Poder Público, sem impedir que leis menores abrandem aquele poder em favor do expropriado. O pagamento, por exemplo, pode ser feito todo em dinheiro, se o quiser o expropriante, embora a lei lhe faculte fazê-lo em títulos especiais da dívida pública, no que se refere à terra nua dos latifúndios". O pagar em título de dívida agrária seria uma faculdade do poder expropriante, exercendo-a discricionariamente.

Temos opinião diferente. O mandamento constitucional a respeito é imperativo, não permitindo ao intérprete outra interpretação que leve à discricionariedade do poder expropriante. A administração pública direta, indireta ou fundacional, deve obediência aos princípios da legalidade, impessoalidade e moralidade administrativa. O pagar em dinheiro o que o texto constitucional determina seja em títulos de dívida agrária impurifica o princípio da legalidade. Identicamente, mancha o princípio da moralidade administrativa. Mais do que isto, haverá, no caso a caso, evidente pessoalidade ofensiva à norma constitucional.

Como política agrária, pagar-se em dinheiro seria premiar quem não cumprisse a função social. Entenda-se. A possibilidade de haver desapropriação com pagamento mediante títulos de dívida agrária atua como incentivo para o titular do imóvel trabalhar satisfatoriamente a terra, cultivando-a de acordo com sua potencialidade, ou não. O proprietário, diante do risco de ter seu patrimônio expropriado, está sugestionado a dar à terra uma utilização satisfatória. Assim, o pagamento em títulos de dívida agrária atua como incentivo na política fundiária.

Os títulos de dívida agrária serão "resgatáveis no prazo de até vinte anos, a partir do segundo ano de sua emissão". Não possui o expropriante a faculdade de fixar o prazo de resgate dos títulos. Tudo está normatizado: o termo inicial do resgate é o segundo ano de sua emissão, cláusula constitucional, e o termo final está indicado na Lei nº 8.629/93, em seu artigo 5º, § 3º, levando em consideração o número de módulos fiscais da área desapropriada. A simples leitura da norma infraconstitucional é suficiente à compreensão do prazo de resgatabilidade.

Outrossim, os títulos estão garantidos "com cláusula de preservação do valor real". É de fácil compreensão esta cláusula. A emissão dos títulos se dará em valor que, na integralidade, corresponderá o valor da justa indenização. O resgate dos títulos se protrairá no tempo, quando, em maior ou menor extensão, atuarão os efeitos maiores ou menores da inflação. A cláusula da preservação do valor real é a garantia da correção dos valores nominais dos títulos para alcançar o mesmo poder aquisitivo da época de sua emissão.

A preservação do valor real, porém, não se alcança considerando unicamente o índice oficial representativo da correção monetária. A justa indenização tem o objetivo de permitir "ao desapropriado a reposição, em seu patrimônio, do valor do bem que perdeu por interesse social" (art. 12 da Lei nº 8.629/93). Se para esta reposição, face a razões mercadológicas especiais, a simples atualização pelos índices de reajustamento monetário se demonstra insatisfatória, a preservação do valor real deve ser mais ampla para satisfazer o objetivo da lei e impedir a iniqüidade.

De outro lado, a utilização do título a ser definida em lei nada mais é que utilização complementar além das normais. A sua executoriedade, considerados os artigos 730 e 731 do CPC, a abstratividade, a transferibilidade através de endosso, etc. já estão asseguradas. Ressalta, com inteira razão, Celso Ribeiro Bastos (*Opus cit.*, p. 259) que "o objetivo do preceito (constitucional) não é o de restringir a utilização dos títulos da dívida agrária, que deverão ter garantidos todos os direitos inerentes a uma cambial". O que a lei ordinária deverá definir é o *plus* de utilização.

A Constituição de 1.967 (art. 157, § 1º) e a Emenda Constitucional nº 1/69 (art. 161) especificavam esta utilização complementar: "assegurada a sua aceitação, a qualquer tempo, como meio de pagamento até cinqüenta por cento do imposto territorial rural e como pagamento do preço de taxas públicas". Com a entrada em vigor da Constituição atual, a normatividade expressa das Cartas anteriores está revogada. O *plus* de utilização passa a depender da lei. A Lei nº 8.629/93, editada para regulamentar os dispositivos constitucionais relativos à reforma agrária, não dispôs a respeito da utilização complementar. Assim, esta característica dos títulos da reforma agrária resta sem aplicação.

2. Artigo 185

São insuscetíveis de desapropriação para fins de reforma agrária:
I - a pequena e média propriedade rural, assim definida em lei, desde que seu proprietário não possua outra;
II - a propriedade produtiva.
Parágrafo único. A lei garantirá tratamento especial à propriedade produtiva e fixará normas para o cumprimento dos requisitos relativos a sua função social.

2.1. Observações iniciais

A regra básica da expropriação para fins de reforma agrária é a terra não estar em exercício conveniente de sua função social. Esta é a idéia transmitida pelo artigo 184 da CF, conforme anotações já realizadas. Terra que esteja sendo explorada, cultivada, utilizando-se seu proprietário, possuidor, arrendatário, etc. de suas potencialidades agrárias, modo satisfatório, é terra afastada da reforma agrária, quanto à desapropriação. Desapropria-se o que é improdutivo, o que não é utilizado adequadamente, para, através de sua distribuição a beneficiários, se alcançar o devido aproveitamento fundiário.

Daí, uma primeira conclusão, a de haver insuscetibilidade desapropriatória de terras que cumpram sua função social, sendo produtivas. O artigo ora anotado, em seu inciso II, ao dizer que são insuscetíveis de desapropriação as *propriedades produtivas*, contém o óbvio normativo. É simples norma expressa que já resultava, lógica e indiscutível, da interpretação do artigo 184. Não se vê compatibilidade possível entre terras que não exerçam a função social e terras produtivas. Nesta compreensão, a propriedade produtiva, mesmo que não constasse explicitamente do artigo ora anotado, não era suscetível de desapropriação.

Ingressa, por isso, na área da necessária indagação, o conceito do que se tem por propriedade produtiva. A Constituição não tem norma explícita definidora. O que se tem, por raciocínio lógico, como terra produtiva, é a área devidamente trabalhada, cultivo exercido, destinação de agrariedade satisfeita. Mais do que isto, um aproveitamento adequado das potencialidades agrárias que oferece, concretizando-se em um percentual elevado. Isto porque não é terra produtiva a que for insuficientemente trabalhada. Por isso, a melhor conceituação de propriedade produtiva deve nascer da normatividade legal.

A norma constitucional ora anotada indica, ainda, como insuscetíveis de serem desapropriadas para fins de reforma agrária, além das produtivas, a *pequena* e a *média propriedade rural*, conforme definidas em lei infraconstitucional, *desde que seu proprietário não possua outra* (inc.I). Sem qualquer indicação distintiva, a explicitar e definir conceitos, desde logo se desenham indagações. O que se tem por pequena propriedade rural e por média propriedade rural? Como é matéria a ser definida por lei e já existe superveniente normatividade infraconstitucional (Lei nº 8.629/93), tal indagação será respondida mais adiante.

O se entender que a pequena e a média propriedades rurais só são insuscetíveis de desapropriação para reforma agrária se produtivas, confunde conceitos e dificulta interpretações. Se toda propriedade produtiva está excluída da desapropriação, conforme regra o inciso II, o exigir para exclusão desapropriatória do inciso I a produtividade, tornaria o inciso simplesmente repetitivo e desnecessário, novo óbvio normativo. Outra interpretação seria a de que haveria insuscetibilidade desapropriatória das pequenas e médias propriedades rurais mesmo que improdutivas. É a dificuldade interpretativa.

Deve-se escolher entre duas interpretações possíveis: a de que também no inciso I a insuscetibilidade depende de haver a produtividade da terra, o que é lógico sob o ponto de vista do programa de reforma agrária, mas sistemicamente incorreto, ou a de que a insuscetibilidade do inciso I se forma mesmo sendo as terras improdutivas, o que não consoa com a regra geral do artigo 184, face ao descumprimento da função social, mas pode significar uma exceção à regra geral, expressamente arrolada pelo constituinte. Mais adiante, em item específico, se retornará à matéria com soluções.

2.2. Propriedade produtiva

A reforma agrária não foi tema em nenhuma das Constituições brasileiras de 1.824 a 1.946. A Emenda Constitucional nº 10, de 9 de novembro de 1.964, acrescentou ao artigo 147 da Constituição então em vigor, o § 1º, que teve o objetivo de realizar justa distribuição da propriedade, limitando-se a áreas incluídas em zonas prioritárias, podendo para tanto desapropriar propriedade rural, mediante pagamento em títulos especiais de dívida pública. Todavia, já naquela época não se admitia como objeto da desapropriação, que era por interesse social, o imóvel que se caracterizasse como produtivo.

Com efeito, a Lei nº 4.504, de 30 de novembro de 1.964, o Estatuto da Terra, tratando da reforma agrária, dizia isentos da desapropriação por interesse social os imóveis que satisfizessem os requisitos referentes à empresa rural, que eram a exploração econômica e racional, com condição de rendimento econômico e explorando "área mínima agricultável do imóvel segundo padrões fixados, pública e previamente, pelo Poder Executivo" (arts. 4º, VI, e 19, § 3º, "b"). As terras que obedecessem a esses pressupostos se tinham como propriedades produtivas e, por isso, insuscetíveis de desapropriação para reforma agrária.

A Constituição de 1.967 e a Emenda Constitucional nº 1/69 (arts. 157, § 1º, e 161) quase repetiram, com idêntica redação, o que dispunha a Constituição emendada. Via de conseqüência, as normas do Estatuto da Terra foram recepcionadas, afastadas da expropriabilidade por interesse social as terras produtivas. Em 25 de abril de 1.969, foi editado o Decreto-Lei nº 554, dispondo sobre desapropriação por interesse social para fins de reforma agrária. Em seu artigo 2º normatizou que não serão objeto de desapropriação aqueles imóveis que satisfizerem os requisitos pertinentes à empresa rural, previstos na Lei nº 4.504/64.

Ao ser editada a Constituição de 1.988, o artigo ora anotado afirmou expressamente insuscetível de desapropriação por interesse social para fins de reforma agrária, a propriedade produtiva. Na falta de conceito do texto constitucional, o intérprete poderia, como afirmado por Celso Ribeiro Bastos (*Opus cit.*, p. 280), se utilizar de elementos constantes no Estatuto da Terra para alcançar a definição de terra produtiva. Todavia, ao ser publicada a Lei nº 8.629/93, a matéria passou a ser tratada por esta última lei.

Hoje, dois são os dados essenciais à constatação da produtividade de determinada área rural: o grau de utilização da terra, que deverá ser em percentual igual ou superior a 80%, considerando-se, para o cálculo, a área efetivamente utilizada e a área total aproveitável do imóvel; e o grau de eficiência na exploração, que deverá ser igual ou superior a 100%, considerada a sistemática indicada na própria lei. O confronto entre estes dois dados, usados concomitantemente, é que afirma que a exploração é econômica e racionalmente adequada, configurando-se a propriedade produtiva (art. 6º da Lei nº 8.629/93).

A lei ordinária, outrossim, cria situações de exceção, em que também haverá insuscetibilidade desapropriatória: a) "o imóvel que, por razões de força maior, caso fortuito ou de renovação de pastagens tecnicamente conduzida, devidamente comprovados pelo órgão competente, deixar de apresentar, no ano respectivo, os graus de eficiência na exploração, exigidos para a espécie" (§ 7º do art. 6º); b) "o imóvel que comprove estar sendo objeto de implantação de projeto técnico" (art. 7º), desde que atendidos os requisitos indicados na lei; c) o imóvel que "esteja oficialmente destinado à execução de atividades de pesquisa e experimentação que objetivem o avanço tecnológico da agricultura" (art. 8º).

2.3. Pequena e média propriedade

A pequena e a média propriedade podem ser insuscetíveis de desapropriação para fins de reforma agrária. Basta que satisfaçam o requisito constitucional: "desde que seu proprietário não possua outra". A compreensão de pequena e de média propriedade rural será definida em lei. Editada a Constituição de 1.988, possível era a recepção constitucional daquelas leis que não conflitassem com a Lei Maior, o que poderia satisfazer o "assim definida em lei" do artigo ora anotado. Mas nesta busca de adequação normativa, a doutrina não foi unívoca, havendo respeitáveis divergências a respeito. A Lei nº 8.629/93 enfrentou a matéria, acentuando as distinções, definindo-as suficientemente.

O critério utilizado pela lei foi o da extensão medida em módulos fiscais, o que torna a distinção, sob este critério, de fácil compreensão. Com efeito, no artigo 4º, II, da Lei nº 8.629/93, considera-se o imóvel rural como sendo de pequena propriedade se sua área estiver "compreendida entre 1 (um) e 4 (quatro) módulos fiscais". No inciso III, indica-se como imóvel rural de média propriedade o "de área superior a 4 (quatro) e até 15 (quinze) módulos fiscais". A normatividade legal contém só este ponto distintivo e identificador. A indagação, já posta anteriormente, é se a desapropriabilidade é afastada, exigindo-se, além do critério de dimensão, seja a área produtiva. Em outros termos, a pequena e a média propriedade rural, mesmo que improdutivas, são insuscetíveis de desapropriação?

O confronto entre os incisos I e II da norma constitucional ora anotada é esclarecedor. Se toda propriedade produtiva é excluída da desapropriação para reforma agrária e a pequena e a média propriedade quando produtivas, fica sem sentido o inciso I, porque o inciso II já estaria solucionando todas as hipóteses de insuscetibilidade desapropriatória, inclusive as da pequena e média propriedades rurais. Numa interpretação sistêmica, ficaria sem resposta uma indagação: qual a razão justificadora da normatividade do inciso I? A conclusão, por isso, é que os dois incisos para coexistirem logicamente devem se referir a hipóteses independentes. Pena do inciso I se configurar como norma inócua, palavras inúteis na norma.

Entre as regras de interpretação, existe uma que não se pode presumir na lei, notadamente numa Constituição, a existência de expressões sem eficácia, completamente inúteis. Carlos Maximiliano (*Opus cit.*, pp. 250/251) argumenta: "Dá-se valor a todos os vocábulos e, principalmente, a todas as frases, para achar o verdadeiro sentido de um texto; porque este deve ser entendido de modo que tenham efeito todas as suas provisões, nenhuma parte resulte inoperativa ou supérflua, nula ou sem significação alguma". A lição é por demais clara.

A interpretação da Lei nº 8.629/93 contém mais um dado esclarecedor de que a pequena e a média propriedade rural, mesmo que improdutivas e desde que sejam o único imóvel que o proprietário possua, estão acobertadas pela insuscetibilidade desapropriatória. Ambas se referem a imóvel rural e este se define pela destinação econômica agrária efetiva ou pelas simples potencialidades agrárias ("ou possa se destinar", art. 4º, I). Limitando-se à segunda hipótese - a das potencialidades agrárias -, estamos diante de terra improdutiva. No mesmo artigo é que são definidas a pequena e a média propriedade rural, produtivas ou não, como insuscetíveis de desapropriação.

Fica sem resposta a pergunta sobre qual a razão lógica por que tais propriedades improdutivas são excluídas da desapropriação para a reforma agrária. Difícil é alcançar as razões do constituinte. Porém, embora inalcançáveis os motivos justificadores, a intenção de excluí-las é induvidosa. Na interpretação de uma norma jurídica, não pode o intérprete tirar-lhe a eficácia por entender que as razões são insatisfatórias - porque aí não estará interpretando lei e, sim, invadindo competência legislativa e atribuição exclusiva do legislador para torná-la ineficaz.

2.4. Tratamento especial

A normatividade do parágrafo único do artigo que está sendo anotado determina que a lei subconstitucional dê tratamento especial à propriedade produtiva, fixando normas para que os requisitos referentes à sua função social sejam cumpridos. Este conteúdo declarado trata-se ou de simples interpretação gramatical, a menos científica das interpretações, ou de repetição da norma em outras palavras. Contudo, como interpretação, o que se deve buscar na normatividade em causa é o que dela pode se extrair sem estar escrito. E é esta tradução interpretativa que se examinará a partir de agora, para esclarecê-la melhor.

    Na política da reforma agrária, sempre se salienta o objetivo a alcançar, como sendo a distribuição de terras a quem não as tem. Cumpre-se, assim, o princípio da justiça social e um adequado aproveitamento das potencialidades agrárias da terra. Contudo, este não é o único ou exclusivo objetivo. Há outra finalidade. Conservar e aumentar a produtividade das terras que já são produtivas. Não se quer mexer naquilo que, dentro da política agrícola, está correto, mas sim dar às terras improdutivas uma produtividade através de beneficiados do sistema de distribuição. Daí se determinar que haja um tratamento especial às terras já produtivas, aumentando o exercício de sua função social.

3. Artigo 186

> A função social é cumprida quando a propriedade rural atende, simultaneamente, segundo critérios e graus de exigência estabelecidos em lei, aos seguintes requisitos:
> I - aproveitamento racional e adequado;
> II - utilização adequada dos recursos naturais disponíveis e preservação do meio ambiente;
> III - observância das disposições que regulam as relações de trabalho;
> IV - exploração que favoreça o bem-estar dos proprietários e dos trabalhadores.

3.1. Requisitos da função social

Na política urbana, a função social se define com a adequação da destinação econômica do solo às funções sociais da cidade expressas no Plano Diretor. Na zona rural, não há plano diretor, o que faz com que inexista o parâmetro. Contudo, a função social da propriedade rural é exigência constitucional, assim como o é a da propriedade urbana (art. 5º, XXIII). O artigo 186 da Carta de 1.988 busca definir como se atenderá a função social no meio rural, indicando critérios objetivos a serem obedecidos, excluindo a compreensão da função social da inquietante solução doutrinária, compreensivelmente sem univocidade.

A Constituição anterior, a de 1.969, também se referia à função social da propriedade como princípio da ordem econômica e social (art. 160, III), mas não a definia. Para o meio rural, o § 1º do artigo 2º do Estatuto da Terra (Lei nº 4.504, de 30-11-1.964) era recepcionado, preenchendo objetivamente o conteúdo do exercício que se entendia como adequado à função social. Os requisitos indicados diziam respeito a níveis satisfatórios de produtividade, a conservação dos recursos naturais, a favorecimento do bem-estar dos proprietários e trabalhadores, bem como suas famílias e ao cumprimento das disposições legais que regulavam as relações de trabalho rural.

O artigo 186 ora anotado seguiu orientação diversa da Constituição de 1.969, que dependia integralmente da lei ordinária complementadora. A atual também depende de lei subconstitucional, mas em parte. Os requisitos já são indicados no próprio texto constitucional, mas de acordo com critérios e graus de exigência estabelecidos pela lei infraconstitucional. Os requisitos têm a eficácia, força e estabilidade que as normas constitucionais têm. Os graus de exigência e os critérios de aplicação ficam, porém, mais pertos da realidade social, visto que regulados pela lei ordinária, mais fácil de modificações.

Assim, a função social da propriedade rural atende e deve obediência a dois mandamentos de ordem legal: a) quanto aos requisitos, a todos aqueles indicados na própria norma em anotação, todos eles normativamente mais abrangentes do que os constantes do Estatuto da Terra; b) quanto aos critérios e graus de exigência de cada requisito, a matéria é entregue à legislação infraconstitucional, que disporá a respeito. Da aplicação harmônica deste conjunto de normas - constitucional e ordinária - é que se preenche a função social.

Os requisitos arrolados no artigo 186 têm a natureza de exaustivos. Há um verdadeiro *numerus clausus* constitucional. Nenhuma lei infraconstitucional pode criar outros requisitos. O critério de conveniência no dispor sobre requisitos é do legislador, ou como constituinte originário ou como constituinte derivado, através de reformas ou emendas constitucionais. A área de atuação da normatividade subconstitucional está limitada, pela própria Constituição, à complementação que aviventa os critérios, dando-lhes a dimensão pretendida pelo constituinte.

Tais requisitos, outrossim, devem ser cumpridos com coincidência temporal. Deve haver satisfação concomitante de todos eles, não bastando a sucessividade nem a ocorrência de alguns deles. Quanto a este aspecto, a norma constitucional é por demais evidente. Ao usar o advérbio *simultaneamente*, em relação ao atendimento dos requisitos, não deixa margem a qualquer dúvida quanto à necessidade de concomitância. Deste modo e resumidamente, os requisitos constitucionais são, de um lado, exaustivos e não exemplificativos e, de outro, obedecem ao critério da simultaneidade.

3.2. Aproveitamento da terra

No dizer do Estatuto da Terra, falava-se em *nível satisfatório de produtividade da terra*, o que passou, na normatividade constitucional, a ser *aproveitamento racional e adequado* da propriedade rural. Finalisticamente, ambas as expressões são normativamente idênticas, embora, a nosso sentir, a redação da norma constitucional é mais técnica e contém mais precisão. Assim, uma primeira idéia ressalta da norma do artigo ora anotado: a utilização, ou aproveitamento, da terra deve ser *racional* e *adequado*. Tais adjetivações têm, semanticamente, conteúdos próprios.

O ser o aproveitamento *racional* tem o sentido de ser aproveitamento cientificamente correto. Há toda uma tecnologia que justifica as práticas usuais e proveitosas no amanho da terra. Os avanços técnicos conhecidos e utilizados levam o aproveitamento da terra a uma respeitável produtividade. A obediência a uma tecnologia de apoio conduz ao melhor aproveitamento e utilidade da terra. Isto é o pretendido pelo aproveitamento racional, mesmo porque, abandonada a racionalidade, o aproveitamento é insatisfatório, e a terra, insuficientemente produtiva. Neste sentido é que se deve entender o *racional* do artigo ora anotado.

O ser o aproveitamento *adequado* considera as potencialidades agrárias específicas do solo. Sem qualquer dúvida, a destinação econômica é direito do proprietário, incluída em seus direitos subjetivos. Se optar por destinação urbana, tem que se respeitar a escolha, porque o direito de propriedade é garantia constitucional. Obedecida a específica função social urbana, não há que se falar em adequação às potencialidades agrárias. Contudo, se a destinação econômica escolhida é a da agrariedade, o aproveitamento do solo ser adequado é exigência constitucional e dado relevante para o exame da função social.

Explica-se melhor o sentido de adequado. Existem terras que servem para o plantio de arroz, ou para o cultivo do milho ou para a pecuária, etc. É o que se pode entender como aptidão natural da terra, ou sua potencialidade agrária. O adequamento situa-se neste setor. O tratamento adequado é o que responde ao tratamento efetivo da terra, atendendo a estas potencialidades naturais. O se optar por uma cultura não-própria para o solo em causa dirige-se, como conseqüência, a um tratamento menos proveitoso e eficiente, se não insatisfatório.

O *racional* e *adequado*, no entanto, tem graus de utilização e de eficiência na exploração. Estes graus são, na forma do preceito constitucional, estabelecidos em lei ordinária. A Lei nº 8.629/93 regulamentou dispositivos constitucionais concernentes à reforma agrária. No artigo 9º, § 1º, regrou que "considera-se racional e adequado o aproveitamento que atinja os graus de utilização da terra e de eficiência na exploração especificados nos §§ 1º a 7º desta lei". Em outras palavras, as normas referidas são aquelas que tratam e qualificam a propriedade produtiva.

Este tema já foi enfrentado nas anotações ao artigo anterior, o 185, no item 2. Há desnecessidade de repetição, razão pela qual se tem aqui por escrito o que lá se escreveu. Chama-se a atenção, porém, que, antes da atual Constituição, a matéria era definida pelo Decreto nº 55.891, de 31 de março de 1.965. Contudo, delegando a Constituição à lei ordinária o estabelecer critérios e graus de eficiência, não houve recepção de normas pertinentes constantes do Decreto. Toda matéria, por isso, a respeito do aproveitamento adequado e racional da terra, se encontra na Lei nº 8.629/93. O que se encontrar no Decreto é ineficaz normativamente.

3.3. Recursos naturais disponíveis e meio ambiente

O Estatuto da Terra, no artigo 2º, § 1º, letra "c", falava em assegurar "a conservação dos recursos naturais". A Constituição de 1.988 fez ingressar em seu texto, pela vez primeira, normas relativas ao meio ambiente ecologicamente equilibrado, como essencial à sadia qualidade de vida e qualificando-o como bem de uso comum do povo (art. 225). Por esta simples razão e como conseqüência sistêmica da Lei Maior, a Carta de 1.988, como requisito da função social, foi mais ampla, acrescentando à "utilização adequada dos recursos naturais disponíveis" a "preservação do meio ambiente". Compreenda-se que, mesmo que não constasse o acréscimo, a interpretação sistêmica levaria a esta conclusão.

Na verdade, são dois requisitos englobados num só. Um referente à utilização adequada dos recursos naturais disponíveis e outro relativo à mantença do meio ambiente. No referente a recursos naturais, um exemplo esclarece o requisito. Existentes na área de terra quedas d'água, lagoas, etc., tais recursos naturais são essencialmente benéficos e úteis para culturas de arroz e não proveitosos para outras espécies de cultura. A existência de água define a potencialidade agrária da terra e a utilização e exploração do solo devem estar adequadas às potencialidades indicadas pelo recursos naturais.

A Lei nº 8.629/93 considera, no artigo 9º, § 2º, "adequada a utilização dos recursos naturais disponíveis quando a exploração se faz respeitando a vocação natural da terra, de modo a manter o potencial produtivo da propriedade". Há, porém, uma idéia que estamos defendendo com muito empenho e se faz presente nesta hipótese. A utilização adequada dos recursos naturais disponíveis é exigível quando há destinação de agrariedade ao imóvel em discordância com sua vocação natural; o aproveitamento é insuficiente. Se a destinação for urbana, as regras são outras.

A preservação do meio ambiente ecologicamente equilibrado é essencial à qualidade de vida, não só humana, mas também animal e vegetal, como à saúde, conforme se lê no artigo 200, VIII, da Carta de 1.988. O afastamento de qualquer degradação ambiental está, no Texto Supremo, como valor fundamental, sendo o meio ambiente equilibrado bem de uso comum do povo. Daí seu ingresso como requisito da função social da propriedade rural justificar-se por si próprio. Este requisito, como os demais, é explicitado e definido na Lei nº 8.629/93.

Com efeito, diz o artigo 9º, § 3º, da Lei nº 8.629/93, que se considera "preservação do meio ambiente a manutenção das características próprias do meio natural e da qualidade dos recursos ambientais, na medida adequada à manutenção do equilíbrio ecológico da propriedade e da saúde e qualidade de vida das comunidades vizinhas". O regramento obedece a uma prioridade. Toda política fundiária rural objetiva que as terras sejam produtivas, úteis ao bem-estar de todos. Mas a utilização não é vista somente quanto ao maior grau de eficiência e exploração. Priorizada está a preservação do meio ambiente em equilíbrio ecológico. Daí se falar em atuação concomitante dos requisitos.

Os ecossistemas - "sistemas de plantas, animais e microorganismos interagindo com os elementos inanimados de seu meio" (José Afonso da Silva, 1994, p. 63/64) - são representativos, ecologicamente, do equilíbrio entre os seres vivos e inanimados ditado pela natureza. O desmatamento injustificável, seja por corte de árvores, seja por queimadas, provoca o desequilíbrio ambiental, por exemplo. Tais medidas são obstadas. E até entendemos conveniente que as ofensas sejam perseguidas em várias áreas, além de se negar, para fins de reforma agrária, a existência da função social.

3.4. Relações de trabalho

A primeira impressão que se tem ao ler o requisito sob item III do artigo ora anotado - "observância das disposições que regulam as relações de trabalho" - é lhe dar uma interpretação técnica, entendendo *relações de trabalho* como aquelas entre trabalhador rural e empregador rural, em contrato com subordinação jurídica e trabalho por risco de terceiro e não autônomo. O trabalho por risco próprio ou autônomo estaria excluído da compreensão do exercício da função social. Contudo, a interpretação restrita deixaria uma série de outros contratos sem interessar sua observância para satisfação da função social da terra. Seria este o objetivo do requisito e a intenção do constituinte ao regrar a matéria, olvidando-se de outros contratos do meio rural?

Não parece consoar com o sistema constitucional da política agrícola, da reforma agrária e, principalmente, da função social, o se interpretar o inciso III do artigo

186 da CF como limitando sua abrangência às relações subordinadas de trabalho. A Lei nº 8.629/93 assim entendeu e o fez corretamente, dando uma interpretação ampliada, alcançando outras relações. Com efeito, em seu artigo 9º, § 4º, ditou que "a observância das disposições que regulam as relações de trabalho implicam tanto o respeito às leis trabalhistas e aos contratos coletivos de trabalho, como às disposições que disciplinam os contratos de arrendamento e parceria rurais".

A compreensão que se deve dar a *leis trabalhistas* deve ser mais abrangente. Inicialmente, a lei que trata das relações jurídicas contratuais entre empregados rurais e empregadores rurais, no que se refere a todas as facetas do exercício laboral e das contraprestações salariais. O artigo 7º, em seus diversos incisos, do Texto Maior, elenca tais direitos no que concerne a salários, horas extras, adicionais, etc. Com base nos direitos sociais constitucionais, há uma série de leis infraconstitucionais que devem ser cumpridas para a satisfação da função social da terra e se tê-la, como conseqüência, inexpropriável.

Os direitos dos rurícolas não são gerados unicamente das disposições legais. Há os contratos individuais de trabalho, que podem conter cláusulas favoráveis ao trabalhador e que, descumpridas, aclaram o não-cumprimento da função social da terra. Há, ainda, os denominados contratos coletivos, firmados entre órgãos de classe profissionais e econômicos, isto é, entre sindicatos de trabalhadores e sindicatos patronais. Face a sua eficácia normativa, suas cláusulas vão além dos sindicatos contratantes e também devem ser cumpridas para satisfação da função social da terra.

O trabalhador rural não tem somente, pelo fato da contratação laboral mantida, direitos trabalhistas. Há outros direitos refletidos, face a contingências cobertas, com a natureza de previdenciários e infortunísticos. É verdade que as prestações pecuniárias ou na forma de serviços não são satisfeitas diretamente pelo empregador ao trabalhador. Há, porém, todo um sistema de formação de receita, para satisfação dos benefícios, cuja responsabilidade pelo pagamento à previdência social é dos empregadores. São obrigações que devem ser cumpridas, pois vinculadas ao exercício da função social.

O cumprimento das disposições relativas a contratos de arrendamento e de parcerias rurais, estas em qualquer de suas modalidades, também é requisito da função social da propriedade rural. Tais contratos são previstos no Estatuto da Terra: o de arrendamento, no artigo 95, e os de parcerias rurais - agrícola, pecuária, agroindustrial e extrativa - no artigo 97. Tais artigos, outrossim, estão regulamentados pelo Decreto nº 59.566, de 14 de novembro de 1.966. Importante a diferença entre os dois contratos agrários, como ressalta Paulo Torminn Borges (*Opus cit.*, p. 80): "no arrendamento é cedido o *uso* e *gozo* do imóvel rural, enquanto na parceria é cedido apenas o *uso, uso específico*".

3.5. Exploração que favoreça o bem-estar dos proprietários e dos trabalhadores

Celso Ribeiro Bastos (*Opus cit.*, p. 293) entende que a norma de que se trata "causa uma certa perplexidade, uma vez que da sua estrita leitura parece inferir-se que o Texto Constitucional esteja a impor ou a exigir que a exploração agrícola se dê de forma a propiciar o bem-estar dos proprietários, assim como dos trabalhadores. Ora, com essa tônica, seria uma autêntica revolução coperniânica na temática relativa à proteção dos interesses sociais que tem sido toda voltada para a tutela do trabalhador".

J. Cretella Júnior (*Opus cit.*, pág. 4.264) sustenta ser o preceito "de clareza meridiana e revelando grande alcance social" e extrai o que afirma ser o conteúdo normativo: "Cumpre observar que, no Brasil, a legislação protege, regra geral, os interesses sociais do hipossuficiente, do trabalhador, mas neste dispositivo leva em conta, com sabedoria, aliás, o bem-estar dos proprietários. Com efeito, como favorecer o bem-estar dos trabalhadores da terra, em contraposição, não houvesse o bem-estar, correspondente, do proprietário?".

Pensamos não haver, necessariamente, como conseqüência automática do bem-estar do proprietário o bem-estar do trabalhador. Esta afirmação pela correspondência não se harmoniza com a realidade socioagrária brasileira. Sempre há um componente de individualismo que leva ao bem-estar do proprietário sem correspondência benéfica ao trabalhador. Por isso, concordamos com as críticas do primeiro dos publicistas citados, ressaltando o devido respeito à tese do segundo deles. Como conseqüência, entendemos, na forma de Celso Ribeiro Bastos, que o verdadeiro sentido da norma é "exploração que favoreça o bem-estar dos proprietários sem prejuízo do bem-estar dos trabalhadores".

No instante em que, com base no mesmo texto constitucional, se limita o exercício do domínio para adequá-lo ao interesse social, a interpretação que adotamos, dando relevância ao bem-estar dos trabalhadores, consoa sistemicamente com outros princípios constitucionais. Neste sentido, inclusive, é o que se lê no § 5º do artigo 9º da Lei nº 8.629/93: a exploração referida no presente item "é a que objetiva o atendimento das necessidades básicas dos que trabalham a terra, observa as normas de segurança do trabalho e não provoca conflitos e tensões sociais no imóvel".

Ponto a enfatizar, por também se fazer presente, como requisito da função social, é o da prevenção acidentária. Não basta a reparação infortunística representada por benefícios pecuniários e prestação de serviços. Importante é evitar as causas da ocorrência acidentária, obstaculizando reduções de capacidade laboral. incapacidades permanentes e até morte, existentes em índices preocupantes. A obediência às normas de segurança do trabalho e também de higiene satisfazem o requisito.

4. Artigo 187

Art. 187. A política agrícola será planejada e executada na forma da lei, com a participação efetiva do setor de produção, envolvendo produtores e trabalhadores rurais, bem como dos setores de comercialização, de armazenamento e de transportes, levando em conta, especialmente:
I - os instrumentos creditícios e fiscais;
II - os preços compatíveis com os custos de produção e a garantia de comercialização;
III - o incentivo à pesquisa e à tecnologia;
IV - a assistência técnica e extensão rural;
V - o seguro agrícola;
VI - o cooperativismo;
VII - a eletrificação rural e irrigação;
VIII - a habitação para o trabalhador rural.
§ 1º Incluem-se no planejamento agrícola as atividades agroindustriais, agropecuárias, pesqueiras e florestais.
§ 2º Serão compatibilizadas as ações de política agrícola e de reforma agrária.

4.1. Política agrícola

Há um conceito *restrito* de política agrícola: um conjunto de medidas planejadas e executadas conforme lei que se dirige à tutela da propriedade da terra e a orientar as atividades agropecuárias no interesse da economia rural. Todas as medidas são direcionadas finalisticamente à garantia do pleno emprego e ao desenvolvimento do processo de industrialização do País.

Este conceito é plasmado com supedâneo no § 2º do artigo 1º da Lei nº 4.504/64, o Estatuto da Terra. Contudo, há outro conceito que, admitindo a série de medidas legalmente planejadas e executadas e com idênticas finalidades, passa a incluir outras atividades não exclusivamente rurais. É o conceito *amplificado*.

O conceito mais extenso de política agrícola tem assento constitucional. As atividades agroindustriais não são exclusivamente agrárias, ligadas somente à terra. Há configuração mista, somando-se à agrária a industrial. Tais atividades - agroindustriais - fazem também parte da política agrícola. Identicamente, as atividades pesqueiras e florestais não são por natureza atividades agrárias. Fogem, da mesma forma, à definição de atividades urbanas, nelas não se encontrando, necessariamente, ação de comercialização ou de industrialização. Como atividades, são um *tertius*. A Constituição inclui todas elas na política agrícola, por simples critério de conveniência, que importa em categorização (§ 1º do artigo ora anotado).

A política agrícola, outrossim, é inconfundível com a reforma agrária. Ambas têm a mesma área de abrangência, ocupando-se do mesmo espaço territorial. Mas os objetivos e finalidades são distintos. O conceito de política agrícola já foi apresentado. E o da reforma agrária? Nela, dois são os princípios prioritários, harmonizados entre si. De um lado, a melhor distribuição de terras a quem não as tem, utilizado como instrumento básico a desapropriação por interesse social, face à improdutividade de certas áreas de terra. De outro lado, medidas que objetivem melhorar a produtividade já existente, sem transferência de titularidade dominial, ou distribuição. Este conceito também tem suporte no Estatuto da Terra (art. 1º, § 1º.).

Outra distinção, gerada dos fatos, é a sustentada por Paulo Torminn Borges (*Opus cit.*, p. 20) no sentido de que "a Reforma Agrária é mero acidente, transitório..", enquanto "o que é permanente e não pode desfalecer é a Política Agrícola ou Política de Desenvolvimento Rural". O critério distintivo da temporariedade, que consoa com a realidade sócio-rural do Brasil, pura e simplesmente serve como espeque fático da distinção legislativa, a extraída do Estatuto da Terra. Todavia, embora confirmando a diferença, o § 2º do artigo anotado determina que as ações de reforma agrária e da política agrícola sejam compatibilizadas.

Em resumo, portanto, pode se definir a política agrícola como um conjunto de medidas instituídas legalmente e que servem de instrumento para, relativamente à propriedade rural, orientar as atividades agrárias, agroindústriais, agropecuárias, pesqueiras e florestais, com a finalidade de alcançar o pleno emprego e o processo de industrialização. Categoriza-se a política agrícola pelo seu aspecto de ser constante e permanente, e não de transitoriedade, feita episodicamente para determinado momento. Onde houver atividade agrária, a política agrícola deve estar presente.

Participarão, com efetividade, da execução da política agrícola produtores e trabalhadores rurais, relativamente ao setor de produção. Esta participação, sem dúvida, é essencial. Assim, todos aqueles ligados à exploração extrativa agrícola, à pecuária, à pesca, etc. são beneficiados e atuarão na política agrícola. Contudo, também haverá atuação participativa englobada de outros setores - de comercialização, de armazenamento e de transportes - em atuação harmonizada e devidamente coordenada. A atuação conjunta de todos os setores encaminha a política agrícola a um bom desenvolvimento.

O artigo em anotação elenca diversos temas que serão tratados em lei e que servirão de instrumento ao processo da política agrícola. Todos significam o conjunto de ações representativas da política agrícola e serão, necessariamente, regulamentadas, legalmente. O legislador ordinário não pode dispensar nenhuma delas, por que se trata de provisão constitucional e, por isso, hierarquicamente superior. A questão que se levanta concerne ao elenco existente ter caráter exaustivo, taxativamente limitado, ou exemplificativo. Na primeira hipótese, a lei subconstitucional não está autorizada a aumentar o elenco; na segunda situação, a lei infraconstitucional pode acrescentar outras medidas.

Em tese, não se vê qualquer erronia em se entender o caráter exemplificativo do elenco. Desde que a medida criada por lei não se incompatibilize com as demais arroladas expressamente, não há porque inadmiti-la, se busca o mesmo objetivo - garantia do pleno emprego e do processo de industrialização - e com idêntica finalidade de orientação da atividade agrária. Por natureza, a conclusão é pela não-exaustividade do rol constitucional. Não fosse isto, a norma constitucional, ao dizer "levando em conta, *especialmente*" (o grifo é nosso), afirma o caráter exemplificativo do elenco.

4.2. Legislação infraconstitucional

O diploma legislativo que trata da política agrícola é a Lei nº 8.171, de 17 de janeiro de 1.991, acrescentada pelas normas constantes da Lei nº 8.174, de 30 de janeiro de 1.991. De logo, no confronto entre seus preceitos e os princípios elencados na norma constitucional, vê-se que o legislador ordinário entendeu o elenco como não-taxativo, acrescentando outras medidas não previstas na normatividade superior ora anotada (art. 4º). A Lei de que se fala, porém, pouco diz em relação àquilo que deveria ter dito e regulamentar. A nosso sentir, é uma lei, vista normativamente, decepcionante.

Numa primeira observação, é uma lei demasiadamente *retalhada*. A quantidade de vetos opostos tiraram, sem dúvida, a unidade da lei como regulamentadora da Constituição. Basta dizer, como exemplo, que o princípio constitucional relativo a "instrumentos...fiscais", foi regulamentado pelos artigos 67/76 da Lei de 1.991, mas todos os artigos, entretanto, foram vetados. Não se quer, com isto, afirmar que o veto foi mal posto. O que se enfatiza é que, com o retalhamento, norma constitucional ficou sem regulamentação e, via de conseqüência, sem relevância no plano da eficácia porque norma não-auto-aplicável.

Em complementar observação, a lei tem uma grande quantidade de normas simplesmente programáticas, um incompreensível rol de propósitos, uma carta de intenções. Parece fugir à normatividade regulamentadora, a indicação de medidas, sem previsão mandamental para serem aplicadas no plano fático, desde logo. A lei, a nosso sentir, deveria, modo concreto, criar medidas de planejamento e determinar a imediata execução. Como está, devem ser as normas infraconstitucionais regulamentadas por decretos, portarias, etc. Em outras palavras, a Constituição, para ser aplicada, dependerá de ações do Poder Executivo.

Algumas normas, todavia, estão bem postas. Em linhas gerais, no Capítulo dos Princípios Fundamentais, há uma definição de atividade agrícola, com a abrangência que se faz necessária: "entende-se por atividade agrícola a produção, o processamento e a comercialização dos produtos, subprodutos e derivados, serviços e insumos agrícolas, pecuários, pesqueiros e florestais"(parágrafo único do art. 1º). Logo a seguir, com toda uma evidência programática, são apresentados os pressupostos (art. 2º), os objetivos (art. 3º) e o rol de ações e instrumentos da política agrícola (art. 4º).

No que respeita a *instrumentos creditícios*, chamados pela lei regulamentadora de *crédito rural*, que é financiamento da atividade agrária, tem três preceitos que precisam ser enfatizados: a) quanto aos beneficiários do crédito são os "produtores rurais extrativistas não predatórios e indígenas"(art. 49); b) haverá, pelo Poder

Público, a oferta de "crédito rural especial e diferenciado aos produtores rurais assentados em áreas de reforma agrária" (art. 52); c) as fontes de recursos financeiros para a concessão do crédito rural, estão indicadas no artigo 81 da Lei.

Concernentemente ao princípio do inciso II, relativo a *preços compatíveis com os custos de produção e a garantia de comercialização*, há alguns regramentos na Lei, afirmando-se que cabe ao Poder Público "regular o preço do mercado interno" (art. 31) que, na verdade, é regulação do preço mínimo. Neste, se considerará "a margem mínima de ganho real do produtor real, assentada em custos de produção atualizados e produtividades médias históricas" (§ 5º do art. 31), sendo que "a garantia de preços mínimos far-se-á através de financiamento da comercialização e da aquisição dos produtos agrícolas amparados" (art. 33, § 2º).

O *incentivo à pesquisa e à tecnologia* é tratado nos artigos 11, cujo *caput* foi vetado, a 14 da Lei. Autorizou-se o Ministério da Agricultura e Reforma Agrária - MARA - a instituir o Sistema Nacional de Pesquisa Agropecuária - SNPA - com os objetivos indicados no artigo 12 (parágrafo único do art. 11). Estendeu-se a pesquisa para a área de máquinas agrícolas, bem como aos serviços de extensão rural e treinamento em mecanização (art. 96, III). Ademais, se qualificou como prioritários os programas de desenvolvimento científico e tecnológico, "tendo em vista a geração de tecnologia de ponta" (art. 14).

O exercício da atividade rural não é tão simples como se poderia pensar, e alguns problemas, não só quanto à produção, gerência, comercialização, industrialização, etc. podem se fazer presentes ao produtor rural, suas famílias e organizações pertinentes. A regra da *assistência técnica e extensão rural* tem o objetivo de viabilizar soluções adequadas. O artigo 17 da Lei normatiza que o Poder Público mantenha serviço oficial de assistência técnica e extensão rural, sempre em caráter educativo e gratuito aos pequenos agricultores, com os objetivos expressamente indicados. É ajuda oficial para que a atividade rural alcance o melhor rendimento.

O *seguro agrícola* tem o objetivo de ressarcir quem trabalha na terra pelos prejuízos sofridos diante da ocorrência de riscos e sinistros. A lei tipifica os prejuízos indenizáveis: os relativos a bens fixos e semifixos ou semoventes (art. 56,I), os sinistros provocados por fenômenos naturais, pragas, doenças e outras causas que atinjam plantações (art. 56,II) e outros que ocorram nas atividades florestais e pesqueiras (parágrafo único do art. 56). Trata-se, a toda evidência, de relação securitária mantida com entidades de seguro privadas. O artigo 58 dá uma utilidade específica à apólice de seguro agrícola: "poderá constituir garantia nas operações de crédito rural".

O direito de cooperativar-se, independentemente de qualquer autorização do Poder Público, o que significa autonomia de organizar-se, mas também autonomia de se administrar (art. 5º, XVIII, da CF), todo cidadão tem, especificamente os produtores rurais, os pescadores artesanais e os que se dedicam ao extrativismo vegetal não-predatório. A norma do artigo ora anotado, em seu inciso VI, ao falar em *cooperativismo*, é repetitiva, porque a garantia já está no artigo 5º. A Lei ordinária, no artigo 45, determina que o Poder Público apóie e estimule os interessados a se constituírem em cooperativas e outras formas de associativismo.

Desnecessário, porque seria se adentrar no óbvio, se justificar a importância da *eletrificação rural e da irrigação* para o exercício das atividades agrárias. O artigo ora anotado elencou-as como fazendo parte da política agrícola. A Lei nº 8.171/91 faz referência tanto à política da irrigação e drenagem (art. 84) como à política de eletrificação rural (art. 93), cabendo ao Poder Público a execução, a implementação e o incentivo. A Lei, outrossim, cria prioridades: de irrigação e drenagem para áreas de reforma agrária ou de colonização e projetos públicos, desde que as áreas sejam de comprovada aptidão ou vocação para irrigação; e de eletrificação rural, na forma de seu artigo 94.

4.3. Habitação para o trabalhador rural

Este regramento da política agrícola não oferece qualquer dúvida quanto a seu conteúdo. Uma das necessidades primárias do homem e, no caso, do trabalhador rural, é a moradia para si e sua família. Esta é a regra ditada pelos fatos e que teve acolhimento no texto constitucional.. Pode-se até se pensar se tal regra seria conveniente numa política agrícola, como o faz Celso Ribeiro Bastos (*Opus cit.*, p. 313). O que não se pode esquecer é do conteúdo da norma e da determinação constitucional.

A Lei nº 8.171/91 arrola, entre as ações e instrumentos da política agrícola, o *crédito fundiário* (art. 4º, XIX), espécie do gênero crédito rural. No artigo 48, ao apresentar objetivos, fala em "propiciar, através da modalidade do crédito fundiário, a aquisição e regularização de terras pelos pequenos produtores, posseiros e arrendatários e trabalhadores rurais" (inc. V). Aqui estava toda a instrumentalização para se tentar efetivar o mandamento constitucional quanto à habitação do trabalhador rural. Bastaria encher de conteúdos o que se denominava de crédito fundiário, para viabilizar a determinação constitucional.

O Capítulo XIV da Lei, de um só artigo, o 55, tratava do crédito fundiário. Contudo, houve um simples e prosaico veto que fez despencar o próprio mandamento constitucional, tornando-o sem vida. Com o veto, cujo mérito está fora de nosso exame, o sonho de habitação para pequenos produtores, posseiros, arrendatários e trabalhadores rurais, se esboroou. Em outras palavras, a norma constitucional de 1.988 foi, indiretamente, ineficacizada pelo veto de 1.991. Repete-se: o mérito do veto está fora de nossa avaliação crítica mas, como processo legislativo, a lei agrícola negou um de seus requisitos constitucionais.

É bem verdade que a lei, no Capítulo XX, trata da habitação rural. Mas não para os beneficiários da Constituição, mas sim para os produtores rurais. É o artigo 89, com a seguinte redação: "O Poder Público estabelecerá incentivos fiscais para a empresa rural ou para o produtor rural, nos casos em que sejam aplicados recursos próprios na habitação para o produtor rural". É a simples constatação. O mandamento constitucional restou sem execução, mas se criou um benefício para a classe mais favorecida. Seria isto eqüidade?

5. Artigo 188

A destinação de terras públicas e devolutas será compatibilizada com a política agrícola e com o plano nacional de reforma agrária.

§ 1º A alienação ou a concessão, a qualquer título, de terras públicas com área superior a dois mil e quinhentos hectares a pessoa física ou jurídica, ainda que por interposta pessoa, dependerá de prévia aprovação do Congresso Nacional.

§ 1º Excetuam-se do disposto no parágrafo anterior as alienações ou as concessões de terras públicas para fins de reforma agrária.

5.1. Compreensão de terra pública

Ao ser editado o Código Civil, fez-se uma objetiva divisão dos bens públicos e particulares, com a normatividade do artigo 65: "São públicos os bens do domínio nacional pertencentes à União, aos Estados, ou aos Municípios. Todos os outros são particulares, seja qual for a pessoa a que pertencerem". Erigiu-se, pelo menos lexicamente, um critério distintivo que servia de divisor: a pessoa do titular do domínio. Este entendimento deixava margem à dúvida. Os bens do Distrito Federal e das autarquias seriam bens públicos ou particulares, incluídos na expressão "todos os outros"?

Clóvis Bevilaqua (1.940, p. 298), com a autoridade de ter sido o redator da lei civil codificada, anotou que "alguns escritores censuram a classificação dos bens, que toma por base as pessoas, a que os mesmos pertencem (Planiol, Teixeira D'Abreu); mas a censura não procede, porque, como acima ficou dito, a classificação é feita, não do ponto de vista dos proprietários, mas do ponto de vista do modo pelo qual se exerce o domínio sobre os bens". Em outras palavras, o ponto diferencial estaria na disciplina jurídica do bem. Assim, os bens das autarquias e do Distrito Federal seriam públicos.

Não obstante esta interpretação, autores sustentam que o dado caracterizador do bem público ou particular está na titularidade dominical. Este é o magistério, por exemplo, de Caio Mário da Silva Pereira (1.980, p. 381): "para o Código Civil de 1.916, a classificação dos bens em *públicos* e *privados* assentou-se no critério subjetivo da titularidade". Entretanto, para harmonizar o artigo 65 do Código Civil com a situação das autarquias e Distrito Federal, interpreta referido artigo como dizendo *pessoa jurídica de direito público interno*.

Em linhas gerais, é a orientação doutrinária de Hely Lopes Meirelles (*Opus cit.*, p. 425), explicando, historicamente, por inexistirem na época as autarquias, a omissão da normatividade civil. Todavia, afirma serem públicos bens das entidades paraestatais (empresas públicas, sociedades de economia mista, etc.), pessoas jurídicas de direito privado, com base no critério da destinação especial, o que, em nosso entendimento, é a relevância da afetação do bem à causa pública. Dois seriam, assim, os critérios conforme a hipótese: titularidade dominial e destinação especial.

Com idêntica orientação - titularidade subjetiva e afetação à causa pública - é a doutrina de Celso Antônio Bandeira de Mello (*Opus cit.*, p. 391). No magistério de Mário Masagão (*Opus cit.*, p. 130), dois são os característicos dos bens públicos. O primeiro: o da titularidade subjetiva - pessoas jurídicas de direito público interno. E o conseqüencial: "estão sujeitos a regime especial, oriundo das normas de direito público".

A observação crítica deste parcial apanhado doutrinário leva a algumas afirmações: a) na interpretação gramatical do artigo 65 do Código Civil, as autarquias e o Distrito Federal seriam titulares de bens particulares; b) na interpretação teleológica, o critério seria o da disciplina jurídica do bem (Clóvis Bevilaqua) ou da titularidade de pessoa jurídica de direito público interno e afetação à causa pública, critérios não conjugados (Hely Lopes Meirelles e Celso Antônio Bandeira de Mello), ou titularidade subjetiva e disciplina jurídica dos bens, critérios conjugados (Mário Masagão).

A questão, como se vê, é complicada, gerando-se a divergência em vários pontos. A pesquisa da outra parte torna mais difícil a solução do problema e sepulta qualquer possibilidade de univocidade doutrinária. J. Cretella Júnior (1.987, p. 370) é, na matéria, radical: "Consideram-se, pois, superadas todas as teorias unilaterais que tentam caracterizar os bens públicos apenas pelo aspecto subjetivo (a titularidade da pessoa jurídica estatal)..."

Pontes de Miranda (1.977, pp. 132 a 136) faz uma distinção inicial: bens públicos *lato sensu* e bens públicos *stricto sensu*. Aqueles são considerados os que obedecem ao critério da titularidade subjetiva dominial. Os últimos, os em sentido estrito, se categorizam pela disciplina jurídica que os rege: "São bens públicos, *sensu stricto*, os bens que pertencem às entidades estatais (União, Estados-membros, Distrito Federal, Territórios, Municípios), a título de direito público. Os bens de que elas têm a propriedade, a título de direito privado, não são bens públicos, *stricto sensu*".

Em nosso entendimento, há uma observação básica a fazer. O artigo 65 do Código Civil foi tornado ineficaz pela passagem do tempo. Irrespondível a circunstância por que o Distrito Federal não aparece como titular de bem público, quando já existia na Constituição de 1.891 (art. 2º), anterior ao Código Civil, que é de 1.916. A ineficácia se demonstra clara quando os doutrinadores que o admitem em vigor são obrigados a acrescentar, a título de interpretação, palavras nele não contidas, como *pessoas jurídicas de direito público interno*.

As classificações dos bens no Código Civil não são bizantinas. Têm um objetivo certo. Classificando-os, dar a cada espécie a disciplina jurídica pertinente. O dividir os bens pela titularidade subjetiva, apenas por ela, na categorização *lato sensu*, não tem sentido. O relevante, como em todas as classificações, é a disciplina jurídica que rege cada espécie de bem. Daí, a classificação proposta por Pontes de Miranda, a que leva aos bens públicos *stricto sensu*, a nosso sentir, é a que atende suficientemente o direito.

A aceitação desta orientação deve ser melhor explicitada, para evitar equívocos. Os bens que se regulam por disciplina jurídica privatística, se pertencentes a pessoas jurídicas de direito público interno, *não são bens particulares*; são bens não-públicos. Os bens particulares têm como titularidade dominial as pessoas jurídicas de direito público externo, as pessoas jurídicas de direito privado e as pessoas físicas. Assim, são três as espécies de bens: os públicos, os não-públicos e os particulares. Há suporte legal para sustentar esta compreensão? Voltaremos ao tema.

5.2. Compreensão de terras devolutas

O termo *devoluta*, particípio passado arcaico do atual *devolvida*, retrata as terras pelo fato de sua devolução. Com efeito, no regime sesmarial, eram doadas terras a quem delas necessitasse, condicionada a doação do Poder Público à obrigação do donatário de trabalhar a terra, cultivando-a. Tratava-se de condição resolutiva.

Não havendo o necessário cultivo, o donatário caía em comisso: a doação era desfeita automaticamente, devendo haver a devolução da terra. Daí o nome de terra devoluta.

Dados configurantes de terra devoluta, enquanto em vigor o regime sesmarial, eram a precedente doação e entrar o donatário em comisso. É a sua compreensão original. Contudo, Resolução datada de 17 de julho de 1.822 e assinada por D. Pedro I, determinou se suspendessem todas as sesmarias futuras, tendo o artigo 1º da Lei nº 601, de 18 de setembro de 1.850, nossa primeira lei fundiária, proibido a forma de aquisição de terras no sistema de sesmarias. A compreensão inicial de sesmarias desaparecia do ordenamento jurídico brasileiro.

O Decreto-Lei nº 9.760, de 5 de setembro de 1.946, nossa 2a. lei fundiária, conceituou terra devoluta, não mais informada pelo fato da devolução. Outros dados passaram a ser relevantes à sua compreensão: devolutas são "as terras que, não sendo próprias nem aplicadas a algum uso público federal, estadual ou municipal, não se incorporaram ao domínio privado" (art. 5º). Três são os requisitos a serem examinados e que levam à conceituação moderna de terra devoluta. O *não ser própria*, o não estar afetada com qualquer uso pelos entes federativos e não se integrar na dominialidade particular.

Terras devolutas não são terras particulares, mesmo porque "não se incorporaram ao domínio privado". Ao contrário, pertencem ou à União (art. 20, II, da CF) ou aos Estados (art. 26, IV, da CF). São caracterizáveis como bens públicos *lato sensu*. Não satisfazem qualquer uso especial público nem são bens de uso comum do povo, conforme se lê do conceito legal, visto não estarem aplicados "a algum uso público federal, estadual ou municipal". Seriam, porém, bens públicos dominiais? A resposta a esta questão passa, em primeiro lugar, pelo entendimento da expressão "não sendo próprias".

O magistério de Pontes de Miranda (1.967) é esclarecedor: "Note-se que se introduziu a expressão 'próprias', para se excluírem as terras de que o Estado tem exercício do domínio como bem 'dominical' no sentido do direito privado". Este entendimento leva a uma indiscutível conclusão. As terras devolutas não estão entre os bens públicos referidos no artigo 66 do Código Civil. Face à titularidade, são bens públicos no sentido lato, mas o seriam - e é o que importa - bens públicos *stricto sensu*?

Excluídas as terras devolutas do rol de bens públicos indicados na lei civil codificada, estamos diante de bens que não se amoldam, à inteira, como bens públicos, afora o aspecto da titularidade dominial. A leitura do artigo ora anotado dá mais certeza ao afirmado. É o que se lê: "A destinação das terras públicas *e* devolutas..." A lógica e o raciocínio passam a atuar. O disjuntivo "e" faz se concluir que uma coisa são as terras públicas e outra as devolutas. Se estas se incluíssem naquelas, seria inútil a referência a terras devolutas. Inconfundíveis, portanto.

A doutrina acolhe o argumento. Celso Ribeiro Bastos (*Opus cit.*, p. 319), estribando-se no artigo 188, diz que "extrai-se com suporte na própria Constituição, que as terras do domínio público que não estejam afetadas a uma destinação pública não constituem bens públicos para gozar do regime jurídico específico que incide sobre tais sortes de bens". Com outros argumentos, mas com idêntica conclusão quanto à inconfundibilidade das terras públicas e devolutas, é o magistério de J. Cretella Júnior (*Opus cit.*, pp. 4.270/4.271).

O referencial da destinação das terras para afetá-las como bens públicos é o critério seguro existente na Constituição e na interpretação do direito administrativo. O artigo 225, § 5º, da Carta de 1.988, faz uma exceção às terras devolutas para entendê-las indisponíveis se "necessárias à proteção dos ecossistemas naturais". Esta espécie de destinação *publiciza* as terras. De outro lado, os bens pertencentes às sociedades de economia mista e às empresas públicas (pessoas jurídicas de direito privado que caracterizam seus bens como particulares) são públicos, se afetados a uma causa pública. É a publicização pelo fato da afetação.

De tudo, pode-se concluir que as terras devolutas não são bens públicos *stricto sensu* nem particulares; categorizam-se como bens não-públicos. Este entendimento dá força à interpretação sugestionada ao § 3º do artigo 183 feita nas anotações ao referido artigo, item 4. Todavia, há um tratamento igualitário e compatibilizado entre terras públicas e terras devolutas na execução da política agrícola do plano nacional de reforma agrária.

5.3. Alienação e concessão de bem público

Os parágrafos 1º e 2º do artigo ora anotado tratam da alienação ou concessão, a qualquer título, de terras públicas. Regra interpretativa concernente à técnica de legislar oferece uma primeira observação significativa da limitação do suporte fático dos parágrafos. O *caput*, como já se viu, trata de terras públicas e devolutas, enquanto os parágrafos tratam somente de terras públicas. Por isso, entende-se que os parágrafos nada têm a ver com terras devolutas. As condições de alienação referentes a estas terras podem ter apoio no artigo 190 da Constituição ou haver indisponibilidade com base no § 5º do artigo 225 do mesmo Texto Maior.

Como se verá, outrossim, na interpretação do artigo 189 da CF, os imóveis rurais desapropriados serão dominialmente transmitidos aos beneficiários do sistema ou objeto de concessão de uso. Quaisquer alienações ou concessões de terras públicas, cuja finalidade é a execução da reforma agrária, estão excluídas das regras de condição previstas no § 1º em comento. Assim, as alienações e concessões tratadas no § 1º, condicionadas à prévia aprovação do Congresso Nacional, se limitam exclusivamente às terras públicas e, assim mesmo, se e enquanto não significarem execução da reforma agrária.

A condição de haver prévia aprovação do Congresso Nacional diz respeito à alienação e à concessão, a qualquer título, de terras públicas com área acima de dois mil e quinhentos hectares. Não se trata de condição exclusiva que possa dispensar outras exigências de normas constitucionais (art. 190 da CF) ou infraconstitucionais. Na verdade, é uma condição *a mais* que se soma a outras existentes. Por exemplo, não há dispensa de avaliação prévia e de licitação, na modalidade de concorrência, conforme regra e determina o artigo 17, I, da Lei nº 8.666, de 21 de junho de 1.993, com supedâneo no artigo 37, XXI, do texto constitucional.

Alienação é transferência de domínio, haja ou não transferência de posse. É compra e venda, permuta, dação em pagamento, etc. *Concessão* é só transferência de posse, sem transmissibilidade do domínio. E por ser, na regra constitucional, a *qualquer título*, é transmissão de posse por ato negocial de natureza pessoal - comodato, arrendamento, parceria, locação, etc. - ou por ato de característica real - servidão, usufruto, etc. A regra é absoluta e não pode o intérprete abrandar o rigor da norma, atribuição entregue ao constituinte.

A aprovação do Congresso Nacional deve ser *prévia*. Entenda-se. A alienação ou concessão é que dependem da anterioridade da aprovação, não o processo licitatório. Este se realiza na forma prevista na Lei de Licitações, ainda sem intervenção do Congresso Nacional. Adjudicado o objeto da licitação ao vencedor, com a devida homologação, o contrato pertinente não será assinado porque é, neste momento, que deverá se pronunciar o Congresso Nacional quanto à autorização prévia para a alienação ou concessão. Só após a aprovação do Congresso é que a negociação se efetivará.

Nenhuma mudança normativa na Lei de Licitações, para se concluir da forma que se está fazendo. Como sustenta Hely Lopes Meirelles (1.991, p. 32), "o direito do vencedor limita-se à adjudicação, e não ao contrato imediato, visto que, mesmo após a adjudicação, é lícito à Administração revogar ou anular a licitação, ou adiar o contrato quando sobrevenham motivos de interesse público para essa conduta administrativa". Na hipótese constitucional, o contrato não pode ser imediato por falta de cumprimento da exigência superior.

A previedade da aprovação é condição básica essencial, sem a qual o contrato não pode ser efetivado. Porém, se a aprovação for *a posteriori*, há validade da negociação? Sustentamos, sem a menor sombra de dúvida, que não. Nenhum argumento, seja o de sanabilidade ou o do fato consumado, pode permitir seja a Constituição descumprida. O contrato firmado é visceralmente nulo e, por isso, sem qualquer eficácia, responsabilizando o administrador. A palavra *prévia*, que consta da norma constitucional, não é um qualificativo inócuo, de pouca ou nenhuma validade; é condição essencial.

A norma constitucional sob anotação fala em "ainda que por interposta pessoa". Esta cláusula já nos causou perplexidade. Em outro livro (Tupinambá Nacimento, *opus cit.*, pp. 149/150), assim argumentamos: "O negócio jurídico em que tal ocorra é anulável, porque evidente a simulação (art. 102, I, do Código Civil). Como está normatizado constitucionalmente, se houver aprovação prévia, mesmo que o adquirente se apresente por interposta pessoa, o ato jurídico seria válido. Não foi isto, a todo sentir, o que quis dizer a Constituição, porque seria o ajurídico". Como conseqüência, a hipótese de interposta pessoa do texto constitucional só apareceria na situação de simulação inocente.

Hoje temos opinião diferente. O limite superior a dois mil e quinhentos hectares é para se submeter, obrigatoriamente, a futura contratação à aprovação do

Congresso Nacional. Havendo interposta pessoa, mesmo que não comprovado, mas simplesmente suspeita, verifica-se a soma das áreas alienadas ou concedidas para se adequar à obrigatoriedade do exame pelo Congresso Nacional. Para efeito de aprovação, mesmo que cada pessoa receba menos ou igual a dois mil e quinhentos hectares, o pressuposto para se submeter à aprovação do Poder Legislativo federal é a soma total das áreas.

6. Artigo 189

Os beneficiários da distribuição de imóveis rurais pela reforma agrária receberão títulos de domínio ou de concessão de uso, inegociáveis pelo prazo de dez anos.
Parágrafo único. O título de domínio e a concessão de uso serão conferidos ao homem ou à mulher, ou a ambos, independentemente do estado civil, nos termos e condições previstos em lei.

6.1. Parceleiros

Um dos objetivos da reforma agrária é desapropriar terras improdutivas para transferir a terceiros, que delas necessitem. O fato da prévia desapropriação nem sempre é necessário, porque, de conformidade com o artigo 13 da Lei nº 8.629, de 25 de fevereiro de 1.993, "as terras rurais de domínio da União ... ficam destinadas, preferencialmente, à execução de planos de reforma agrária". A norma constitucional ora anotada fala daquelas pessoas para as quais, na execução da reforma agrária, os imóveis são distribuídos. Na terminologia do mandamento da atual Carta Política, os que recebem as áreas são os *beneficiários*.

Beneficiário é quem se beneficia com alguma coisa, seja no sistema previdenciário, securitário, etc. A palavra, neste sentido, não tem natureza técnica. Havendo um benefício, quem se beneficia beneficiário é. Na área da reforma agrária, quem recebe, por distribuição, terra rural, também é beneficiário. Isto é indiscutível. Somente pensamos que mais conveniente, nesta matéria, é a utilização do termo técnico, inconfundível com outras concepções. Não se trata de corrigir, porque o termo usado pela normatividade está lexicamente correto. Preferimos, porém, o acerto técnico.

Nossa opção é pelo termo *parceleiro*. Não se trata de palavra criada pela doutrina ou pela jurisprudência. A Lei nº 4.504/64 introduziu-a, conceitualmente, vinculando-a à reforma agrária. Com efeito, em seu artigo 4º, inciso VII, define-a como "aquele que venha a adquirir lotes ou parcelas em área destinada à Reforma Agrária..." Daí já se falar, inclusive, em contrato de parcelaria. Há, porém, indagações a serem respondidas. Inicialmente, se o parceleiro só pode ser pessoa física ou se se admite, como beneficiário, a pessoa jurídica? Em complemento, quais as condições em que haverá a transferência para o parceleiro?

A legitimidade para ser beneficiário na distribuição de terras na reforma agrária é da pessoa física; jamais da pessoa jurídica. A leitura do parágrafo único do artigo em comento espanca qualquer dúvida. Ali só se fala em homem e mulher. Este é o comando mandamental extraído da norma hierarquicamente suprema que, inclusive, impede que lei ordinária disponha diferentemente. Entretanto, com isto não se quer dizer que o beneficiário da terra tenha que utilizá-la só na forma da exploração individual. No ato de distribuição, podem ser adotadas formas de exploração condominial, cooperativa, associativa ou mista (art. 16 da Lei nº 8.629/93).

Em princípio, o proprietário rural não pode ser beneficiado com a distribuição de terras, salvo em três situações excepcionadas na Lei acima referida: a) o próprio desapropriado; b) aqueles que, sendo agricultores, suas propriedades inalcancem a dimensão da propriedade familiar, conforme definida no Decreto nº

55.891, de 31 de março de 1.965; c) aqueles agricultores cujas propriedades se apresentem, comprovadamente, insuficientes para o próprio sustento e o de sua família (art. 20).

Identicamente, outras pessoas físicas são excluídas do benefício da distribuição de terras. Aquele que, em oportunidade anterior, já foi contemplado como parceleiro não está legitimado para qualquer distribuição posterior. Da mesma forma, aquele que, havendo ou não relação estatutária com o Poder Público, exerça função pública na administração direta, indireta (autarquia, sociedade de economia mista, empresas públicas e outras paraestatais) e fundacional. Por fim, aquele que esteja investido de atribuição parafiscal (art. 20 da Lei nº 8.629/93).

E a pessoa física estrangeira, isto é, a residente no País e que não se tenha naturalizado brasileira? Há a garantia prevista no artigo 5º da CF, em que, ao estrangeiro aqui residente, se assegura o direito de propriedade. Contudo, o artigo 190 da CF, a ser anotado a seguir, admite que lei infraconstitucional possa regular e limitar, relativamente ao estrangeiro, a aquisição da propriedade rural. Daí, a matéria será solucionada com base em lei subconstitucional. A Lei nº 5.709, de 7 de outubro de 1.971, recepcionada pela Carta de 1.988, contém algumas restrições concernentes à aquisição.

6.2. Escolha do parceleiro

Com a efetivação do ato expropriatório e tendo como termo inicial a data de registro do título translativo de domínio, o Poder Público deverá, no prazo de três anos, distribuir a área desapropriada entre os beneficiários da reforma agrária (art. 16 da Lei nº 8.629/93). O triênio se configura como prazo decadencial. Descumprida a obrigação de distribuir a terra no prazo de lei, aparece, como efeito, o instituto da *retrocessão* que, a nosso entender, é solucionável em perdas e danos, sem obstar a distribuição fundiária fora do tempo. Isto porque o artigo 21 da Lei Complementar nº 76/93 diz que "os imóveis rurais desapropriados, uma vez registrados em nome do expropriante, não poderão ser objeto de ação reivindicatória".

No ato da distribuição, haverá a escolha do parceleiro, num universo de vários interessados. O Poder Público, porém, não tem o poder de escolha imotivada entre os diversos pretendentes. A ampla discricionariedade não se harmoniza com o princípio da impessoalidade, que deve se fazer presente nos atos da administração pública (art. 37 da CF). Deverá, isto sim, obediência a critérios legais. A Carta de 1.988, no parágrafo único do artigo em anotação, fala em "nos termos e condições previstos em lei". Assim, antes de discricionariedade, o que há é escolha criteriosa, motivada pela norma positiva.

Os critérios legais são critérios de preferência. Com efeito, no artigo 19 da Lei nº 8.629/93 são indicados, com ordem de prioridade, cinco situações evidenciadamente claras e induvidosas. É ordem de preferência que se poderia denominar de *vertical*. As situações indicadas em primeiro lugar preferem às seguintes, excluindo-as da distribuição. Possível, porém, sob este inicial critério, a necessidade de escolha de um, ou uns, em detrimento de outros. A lei indica outro critério, que se qualifica de *horizontal*. Como se vê, os critérios afastam qualquer talante da Administração Pública.

Na preferencialidade *vertical*, uns critérios são por conveniência e outros por necessidade. Assim e pela ordem: a) o desapropriado, asssegurando-se-lhe a preferência na parcela de terra onde está situada a sede do imóvel; b) os posseiros, assalariados, parceiros ou arrendatários que estejam trabalhando no imóvel desapropriado; c) os posseiros, assalariados, parceiros ou arrendatários que trabalham em outros imóveis; d) os agricultores titulares de propriedade que não alcance a dimensão da propriedade familiar; e) os agricultores cujas propriedades, comprovadamente, sejam insuficientes para o sustento próprio e de sua família (art. 19, I a V).

Na preferencialidade *horizontal*, a prioridade considera, entre os igualados pelo critério vertical, a necessidade dos interessados à distribuição, os com pretensão a parcelas. Assim, diz o parágrafo único do artigo 19 referido *retro* que "na ordem de preferência de que trata este artigo, terão prioridade os chefes de família numerosa, cujos membros se proponham a exercer a atividade agrícola na área a ser distribuída". O critério é preponderantemente pela necessidade face a quantidade de integrantes do grupo familiar, sendo certo que *família* está na Lei em sua compreensão ampla; não só a consangüínea mas, principalmente, a de fato.

6.3. Títulos conferidos e rescindibilidade

A transmissão do imóvel ao parceleiro pode se dar a título de direito real ou pessoal, com transferência do domínio ou somente do uso. A Constituição diz que os beneficiários "receberão títulos de domínio ou de concessão de uso". Em qualquer deles estará incluído o direito de usar, de fruir e de administrar, e a titularidade da relação possessória. As razões pelas quais opta-se por título de domínio ou concessão de uso não são indicadas na Constituição e, silenciando a lei subconstitucional, a escolha é entregue à discricionariedade do Poder Público.

O *título de domínio*, que transforma o parceleiro em proprietário, ou se realizará com a solenidade prevista no Código Civil - a escritura pública indicada no artigo 134, II - ou na forma permitida para os imóveis públicos federais, lavrando-se a transferência em livro existente no serviço de patrimônio da União. Ressalte-se, porém, que os títulos são insuficientes à constitutividade do direito real imobiliário. Só o registro na circunscrição imobiliária competente é que opera a constituição do direito, passando a valer *erga omnes*.

Em tese, na transferência do imóvel da dominialidade pública para o domínio privado poder-se-ia ver modelado o fato gerador do imposto de transmissão. Como conseqüência - e ainda na área do raciocínio -, o parceleiro teria imposto a pagar, pelo fato da transferibilidade. Contudo, o imposto de transmissão não é devido por haver causa de isenção constitucional: "São isentas de impostos federais, estaduais e municipais as operações de transferência de imóveis desapropriados para fins de reforma agrária" (art. 184, § 5º).

O *título de concessão de uso* pode ter caráter exclusivamente administrativo e, por isso, será de natureza pessoal, embora entendamos ser incompatível com os objetivos da reforma agrária. A outra modalidade, a de concessão de uso *real*, é que consoa com a finalidade da reforma e será realizada com base no artigo 7º do Decreto-Lei nº 271, de 28 de fevereiro de 1.967. Na concessão de uso, pessoal ou real, não há transmissão de domínio; simplesmente a transferência do direito de usar, fruir e administrar, com a conseqüente titularidade da posse.

O texto constitucional mandamentaliza que os títulos, de domínio ou de concessão de uso, são "inegociáveis pelo prazo de dez anos". Como primeira conclusão, portanto, em se tratando de título de domínio, a inegociabilidade decenal equivale à inalienabilidade temporária, enquanto, em se tratando de concessão de uso, durante o decênio há vedação de ser cedido o uso, a que título for, modo parcial ou total, a terceiros. A indagação que se faz diz respeito, mais propriamente, ao descumprimento da inegociabilidade e seus efeitos.

Por simples lógica jurídica, constando a inegociabilidade temporária no título de domínio, constará, identicamente, do registro na circunscrição imobiliária competente. A negociação inadmitida, por isso, não será registrada, pelo obstáculo da regra constitucional. Contudo, irregistrável a transferência de domínio a terceiro, faticamente poderia haver a cessão de uso, como pode ocorrer na concessão de uso pessoal ou real. Tal também é inadmitido e, face ao inadimplemento do proprietário ou concessionário, qual a solução jurídica?

No Decreto-Lei nº 271/67, a concessão de uso é direito real resolúvel (art. 7º). Insatisfeita a condição resolutiva - dar destinação diversa ao objeto do ajuste -, o contrato perderá sua eficácia, resolvendo-se de pleno direito. Esta solução é a mesma para as hipóteses do artigo 189 em anotação, visto que, nos títulos de domínio ou de concessão de uso, há cláusula a respeito da inegociabilidade decenial como cláusula resolutória, prevendo, na hipótese de seu descumprimento, a rescisão do contrato e, por via de conseqüência, a devolução do imóvel que lhe foi entregue.

Esta previsão está nos artigos 21 e 22 da Lei nº 8.629/93, aliás com maior amplitude normativa e alcançando com a rescisão contratual o inadimplemento de quaisquer obrigações assumidas no contrato. Enfatiza-se a necessidade de constar dos títulos, de domínio ou de concessão, a finalidade da transferência da terra ao parceleiro e o compromisso por ele assumido: "cultivar o imóvel direta e pessoalmente, ou através de seu núcleo familiar, mesmo que através de cooperativas" (art. 21). O descumprimento gera a cláusula resolutória.

6.4. Título de domínio e inalienabilidade

A inalienabilidade temporária impede a alienação por ato *inter vivos*; não a por *causa mortis*. Nesta última hipótese, o herdeiro legítimo ou testamentário adquire o bem na mesma extensão do domínio do *de cujus*. O imóvel transferido ao herdeiro continua com a mesma inalienabilidade e com os mesmos compromissos então assumidos pelo parceleiro. Nenhum prejuízo à reforma agrária, porque a obrigação de cultivo se mantém. Os inadimplementos são alcançados pela cláusula resolutória.

A inalienabilidade de que se trata não é vitalícia, mas sim por prazo determinado que pode ultrapassar a vida do parceleiro. Por isso, o que se disse anteriormente não se limita à sucessão universal mas, identicamente, à singular, quando se está diante do instituto do legado. O legatário, por força do testamento, passa à condição de proprietário. Contudo, os compromissos mantidos pelo parceleiro enquanto vivo se refletem no futuro para também responsabilizarem, pelo mesmo período de dez anos, isto é, o que faltava, no ato da morte do beneficiário, para completar o decênio. A cláusula resolutória não se suspende, não se interrompe e nem se extingue. Mantém-se juridicamente.

A inalienabilidade, outrossim, importa na impenhorabilidade do imóvel, conforme explícita regra contida no artigo 649, I, do Código de Processo Civil, admitindo-se, como exceção, a penhorabilidade dos frutos e rendimentos (art. 650, I, do CPC). Por lógica jurídica - visto que uma das etapas da execução é a penhora do bem dado em garantia -, a inalienabilidade impede seja dado o bem em penhor ou hipoteca. Da mesma forma, não há que se pensar na constituição dos demais direitos reais limitados: usufruto, enfiteuse, servidão, etc.

Diz o artigo 1.676 do Código Civil que a cláusula de inalienabilidade imposta por testadores e doadores não impede o bem ser desapropriado por necessidade ou utilidade pública, nem que haja execução por dívidas provenientes de impostos referentes aos imóveis. Entendemos ser esta norma da legislação civil codificada inaplicável à hipótese constitucional ora em exame e por vários motivos. Inicialmente, a cláusula de inalienabilidade que está sendo anotada não foi imposta por testadores e doadores; é imposição constitucional. Não fosse isto, digladiar-se-iam causas incompatíveis de desapropriação. A por interesse social, justificada pela finalidade da reforma agrária, e a por necessidade ou utilidade pública prevista na lei subconstitucional. Preponderante que é a do interesse social - inclusive, por força da hierarquia das leis, considerada sua localização no Texto Maior -, impensável desapropriação por outro motivo. De outro lado, se o bem é impenhorável (art. 649,I, do CPC), não há como se justificar a execução por qualquer dívida proveniente de impostos do imóvel. O artigo 10 da Lei de Execução Fiscal (Lei nº 6.830, de 22.9.80) não permite penhora que recaia em bens "que a lei declara absolutamente impenhoráveis".

Há outra questão a enfrentar. A possibilidade, ou não, de sub-rogação do ônus da inalienabilidade para outro bem, ficando o originalmente clausulado livre para alienação, tudo autorizado por ato judicial. Clóvis Bevilaqua (1.944, p. 141), comentando o artigo 1.676, diz que à inalienabilidade a lei oferece três exceções: "a desapropriação por necessidade ou utilidade pública; a execução por dívida proveniente de impostos; e a *sub-rogação autorizada pelo Juiz*" (os grifos são nossos). J. M. de Carvalho Santos (1.979, pp. 323/324) apóia a idéia com explicação histórica.

O artigo 1.676 do Código Civil foi uma emenda aditiva do Senado Federal ao Projeto de Bevilaqua, contendo, na parte final, a seguinte complementação: "sendo igualmente proibida, sob a mesma pena, existindo aquela cláusula, a sub-rogação dos bens". Na Câmara dos Deputados, a complementação foi rejeitada, sob o argumento de que os possíveis abusos na sub-rogação seriam evitados pelo ato judicial. Assim, a sub-rogação estava possibilitada, desde que houvesse necessidade comprovada e que a cláusula de inalienabilidade se transferisse a outro bem, de igual ou maior valor. Preponderava a intenção do legislador sobre a interpretação gramatical.

Pretorianamente, hoje, a matéria é por demais pacífica. A questão que se levanta é se a sub-rogação do ônus em outro bem incide na situação indicada no artigo 189 ora anotado. Entendemos que não. A sub-rogação da cláusula nas hipóteses comuns de inalienabilidade satisfaz o objetivo de sua instituição: evitar que o bem, face à necessidade de venda, seja dilapidado, diminuindo o patrimônio do beneficiado. Contudo, na reforma agrária, a cláusula de inalienabilidade tem outras finalidades, muitas vinculadas à própria política governamental na zona agrária, razão pela qual a simples sub-rogação é insatisfatória.

6.5. Estado civil

Ao admitir a norma constitucional serem conferidos os títulos de domínio ou de concessão de uso ao homem e à mulher, conjuntamente, independentemente do estado civil, é deixado claro que o constituinte bem apreendeu os trechos da vida social, não se apoiando numa pretendida realidade divorciada dos fatos. Deixou-se de lado a falsa moral que rejeita a união estável e os concubinatos para, seguindo a mesma orientação justa e jurídica do § 3º do artigo 226 do mesmo Texto Maior, permitir, como parceleiros, mulher e homem que vivam sob o mesmo teto, embora não casados. Assim, tutela-se principalmente a prole advinda, que compõe o grupo familiar.

Entendemos, inclusive, de alta conveniência, que o título seja conjuntamente conferido ao homem e à mulher, mesmo que casados em comunhão de bens, ou não. A cláusula de inalienabilidade, resultante da inegociabilidade por dez anos, gera a incomunicabilidade entre os cônjuges do bem clausulado. A discussão a respeito do tema está extinta faz algum tempo, havendo, inclusive, a *Súmula* nº 49, do STF: "A cláusula de inalienabilidade inclui a incomunicabilidade de bens". O sair em nome de ambos os cônjuges afasta a não-comunicação.

7. Artigo 190

> A lei regulará e limitará a aquisição ou arrendamento de propriedade rural por pessoa física ou jurídica estrangeira e estabelecerá os casos que dependerão de autorização do Congresso Nacional.

7.1. Restrição ao direito de propriedade

O artigo 5º da CF titulariza subjetivamente o estrangeiro, assegurando-lhe o direito de propriedade. Neste se inclui, necessariamente, não só o exercício dos poderes dominiais mas, fundamentalmente, o direito ao ato de aquisição. A redação do *caput* do artigo é muito clara porque, apoiada no princípio de isonomia ("todos são iguais perante a lei"), garante ao estrangeiro aqui residente a inviolabilidade do direito de propriedade. Mais adiante, com referência a brasileiros e estrangeiros aqui residentes, dita que "é garantido o direito de propriedade" (XXII).

Na Ordem Econômica e Financeira, cujo Título estamos anotando, existem diversos princípios entre os quais o da *propriedade privada* (art. 170, II, da CF). O confronto entre as três normatividades citadas - art. 5º, *caput* e inciso XXII, e 170, II - afastaria qualquer possibilidade de o legislador ordinário criar restrições, na área da dominialidade, quanto ao direito das pessoa físicas aqui residentes. Por simples eficácia da regra da hierarquia das leis, uma norma subconstitucional, sabidamente de natureza inferior, não poderia estar limitando uma normatividade constitucional, de natureza superior.

O artigo 190 ora anotado e sempre presente a interpretação sistêmica, serve de apoio à constitucionalidade de lei ordinária, que pretenda restringir certas propriedades ao estrangeiro, ao brasileiro ou à pessoa jurídica estrangeira. Constitucionalizado fica, por força do artigo em anotação, qualquer diploma infraconstitucional que busque limitar e regular a aquisição ou arrendamento de propriedade rural por pessoa física ou jurídica estrangeira. A lei ordinária, porém, não está autorizada a criar restrições quanto à propriedade urbana - matéria pertinente à política urbana - nem no concernente, em se tratando de propriedade rural, a direito de pessoa jurídica brasileira.

A Constituição de 1.969, no § 4º do artigo 153, tratava de matéria semelhante ao do artigo em anotação da Carta de 1.988, mas com maior alcance e restrição. A referência era à propriedade rural, mas se admitia a restrição por lei ordinária em relação a brasileiro e a pessoa jurídica, sem limitá-la a estrangeira. Na época, foram editados diplomas subconstitucionais: Lei Complementar nº 45/69, Decreto-Lei nº 494/69 e Lei nº 5.709, de 7 de outubro de 1.971, a que estava em vigor ao se publicar o atual Texto Magno.

A Lei nº 5.709/71 foi recepcionada pela atual Constituição. Mas, como vem afirmando a doutrina e com acerto (Celso Ribeiro Bastos, *opus cit.*, p. 335; e J. Cretella Júnior, 1.993, p. 4.281), a recepção foi nas suas linhas mestras, e não integralmente. A observação procede porque, quando editada, buscava cumprir uma delegação constitucional mais ampla, restringida no atual artigo 190 em comento.

Por isso, o cuidado com que se deve ler a Lei nº 5.709/71. A recepção normativa foi naquilo que estava conforme com as regras expressas e programáticas extraídas do texto constitucional. O que se incompatibilizava com a Lei Maior não foi recepcionado, apresentando-se, em conseqüência, a figura da revogação denominada de inconstitucionalidade superveniente. Esta conclusão se apóia, em sistemas legais como o nosso, no princípio da conformidade das leis infraconstitucionais com as linhas mestras da Constituição.

A dificuldade no se constatar se houve ou não recepção é que o confronto deve ser feito com o texto constitucional, quando de sua edição em 1.988. No artigo 1º, § 1º, a Lei de 1.971 permitiu a restrição da propriedade rural a pessoa jurídica brasileira, cujo capital majoritário pertencesse a pessoas físicas ou jurídicas estrangeiras e que residissem ou tivessem sede no Exterior. Este artigo entrava em rota de colisão, conforme magistério de Celso Ribeiro Bastos (*Opus cit.*, p. 334), com o artigo 171, I, da CF. Por isso, não foi recepcionado.

Hoje, não haveria esta desconformidade porque o artigo 171 está revogado. Contudo, a revogação de um texto legal, mesmo constitucional, não repristina a normatividade daqueles que com ele se atritavam e, por isso, eram inconstitucionais e ineficazes. Incidente, na hipótese, o regrado no § 3º do artigo 2º da LICC - Decreto-Lei nº 4.657, de 4 de setembro de 1.942 -, que dispõe: "Salvo disposição em contrário, a lei revogada não se restaura por ter a lei revogadora perdido a vigência". O efeito repristinatório só se justificaria havendo expressa ressalva em contrário.

7.2. A Lei nº 5.709/71

A Lei nº 5.709/71, cuja epígrafe refere-se a regular a aquisição de imóvel rural por estrangeiro residente no País ou pessoa jurídica estrangeira autorizada a funcionar no Brasil, limita as restrições, salvo uma única exceção, aos atos de aquisição *inter vivos*, excluindo as aquisições por sucessão legítima (§ 2º do art. 1º da Lei). A exceção diz respeito à aquisição de imóvel rural situado em área considerada indispensável à segurança nacional. Mesmo na sucessão legítima, há dependência de assentimento prévio da Secretaria-Geral do Conselho de Segurança Nacional (art. 7º da Lei).

Há que se entender o que se tem por sucessão legítima. É espécie de sucessão *causa mortis*, em que concorrem, universalmente, todos os herdeiros indicados legalmente (art. 1.603, I a IV, do CPC). Outra coisa é a sucessão testamentária, em que os herdeiros são indicados no testamento, concorrendo à sucessão universal, ou há indicação de legatário, configurativa de sucessão singular. Com base em testamento, qualquer das duas sucessões é *causa mortis*, mas não sucessão legítima. Como efeito, qualquer sucessão com supedâneo em testamento sofre as restrições da lei.

A Constituição, ao se referir no artigo ora anotado a *pessoa física ou jurídica estrangeira*, permite a interpretação de que, quanto à pessoa física, as restrições podem alcançar os estrangeiros e os nacionais. Todavia, tanto a epígrafe da Lei como seu artigo 1º, *caput*, dão a abrangência: estrangeiro residente no País e pessoa jurídica estrangeira. Assim, autorizado o legislador infraconstitucional a regular e limitar, na extensão que pretenda, nada de equivocado se omitir no referente a brasileiros.

Dirigindo-se as restrições a pessoas físicas estrangeiras, excluídos estão os brasileiros natos e naturalizados. O tratamento desigual entre natos e naturalizados só existe nas hipóteses do § 3º do artigo 12 da CF, mesmo porque seu § 2º diz que "a lei não poderá estabelecer distinção entre brasileiros natos e naturalizados..." Deste modo, o estrangeiro de que trata a Lei de 1.971 é o que, não sendo naturalizado brasileiro, esteja residindo no Brasil. Assim, o não-residente em nosso País tem restrição absoluta: não pode adquirir qualquer propriedade rural.

A revogação, outrossim, do artigo 171 da CF, pela Emenda Constitucional nº 6/95, fez desaparecer do ordenamento constitucional brasileiro o conceito de pessoa jurídica nacional. A Lei nº 5.709/71 nada diz a respeito, deixando ao intérprete a atribuição de, definindo-a, abrir espaço para o que se entenda como pessoa jurídica estrangeira. Temos, obediente ao critério sistêmico, que se pode definir como brasileira, a empresa (pessoa jurídica) constituída sob as leis brasileiras e que tenham sede e administração no País. Tais pressupostos são extraídos do inciso IX do artigo 170 da CF. As demais, autorizadas a funcionar no Brasil, são estrangeiras.

As restrições da lei, específicas às pessoas físicas estrangeiras, são as seguintes : a) *quanto à extensão da área adquirida* - a aquisição não poderá ultrapassar a "cinqüenta módulos de exploração indefinida, em área contínua ou descontínua"(art. 3º); b) *nos loteamentos rurais efetuados por empresas particulares de colonização* - a aquisição e ocupação por estrangeiro não poderão ultrapassar a 70% (setenta por cento) da área total, visto que, no mínimo, 30% (trinta por cento) "serão feitas obrigatoriamente por brasileiros" (art. 4º).

Em se tratando de pessoa jurídica estrangeira autorizada a funcionar no Brasil, há uma restrição específica: "só poderão adquirir imóveis rurais destinados à implantação de projetos agrícolas, pecuários, industriais, ou de colonização, vinculados aos seus objetivos estatutários"(art. 5º). Tais projetos deverão estar aprovados pelo Ministério de Agricultura ou de Indústria e Comércio, conforme o caso, após ouvido o órgão federal de desenvolvimento regional competente para a respectiva área (art. 5º, §§ 1º e 2º).

Genericamente, para os estrangeiros ou pessoas jurídicas estrangeiras, há mais quatro restrições: a) se o imóvel estiver localizado em área considerada indispensável à segurança nacional, há necessidade de prévio assentimento da Secretaria-Geral do Conselho de Segurança Nacional (art. 7º); b) é da essência do ato de aquisição a escritura pública, onde deverão constar os informes necessários e comprobatórios da possibilidade de aquisição (arts. 8º e 9º); c) relativamente à superfície do Município, "a soma das áreas rurais pertencentes a pessoas estrangeiras, físicas ou jurídicas, não poderá ultrapassar a um quarto"(art. 12); d) identicamente, as pessoas da mesma nacionalidade estrangeira "não poderão ser proprietárias, em cada Município, de mais de 40% (quarenta por cento)" da área correspondente à quarta parte da superfície do município (art. 12, § 1º).

A conseqüência do descumprimento da lei, é a nulidade de pleno direito do ato de aquisição (art. 15). Ato nulo é ato insanável, devendo ser pronunciada a nulidade pelo Juiz, de ofício, quando conhecer do ato ou de seus efeitos (arts. 145, V, e 146 do Código Civil). É inválido e ineficaz, desde o início.

8. Artigo 191

> Aquele que, não sendo proprietário de imóvel rural ou urbano, possua como seu, por cinco anos ininterruptos, sem oposição, área de terra, em zona rural, não superior a cinqüenta hectares, tornando-a produtiva por seu trabalho ou de sua família, tendo nela sua moradia, adquirir-lhe-á a propriedade.
> Parágrafo único. Os imóveis públicos não serão adquiridos por usucapião.

8.1. Legitimidade

Nenhuma dúvida que a pessoa física, brasileira ou estrangeira, está legitimada para o usucapião constitucional rural previsto no artigo ora anotado. A expressão *aquele que* é suficientemente abrangente para englobar a pessoa física como legitimada. Ainda, em interpretação sistêmica, a garantia constitucional inscrita no *caput* do artigo 5º da CF é direcionada ao brasileiro e a estrangeiro aqui residente e se refere, entre outros direitos, ao de propriedade. Quando o texto constitucional quer restringir, ele o faz expressamente. O artigo 125 da Constituição de 1.934 e o artigo 148 da Constituição de 1.937, ao tratarem do usucapião constitucional, falavam em *todo brasileiro*.

A restrição para aquisição *ad usucapionem* por estrangeiro poderá aparecer em lei ordinária, sem qualquer ofensa ao artigo 5º da CF. Isto porque a normatividade infraconstitucional de exceção tem apoio no artigo 190 da CF. Com efeito, a Lei nº 5.709/71, recepcionada pela Carta de 1.988, em seu artigo 7º, contém uma restrição concernentemente a imóvel rural localizado em área considerada indispensável à segurança nacional. Não há obstáculo absoluto no direito de usucapir. O que a lei cria é uma condição para exercício do direito, que é o assentimento prévio da Secretaria-Geral do Conselho de Segurança Nacional.

A pessoa jurídica não está, por sua natureza de ficção jurídica, ou pessoa moral como outros cognominam, impedida de usucapir. Na legislação civil codificada, nenhuma dúvida da legitimidade das pessoas jurídicas ao direito de usucapião. Basta dizer que são titulares de relação possessória, e que a posse mantida pode estar qualificada com *animus domini* ("possua como seu"). Neste sentido, a configuração jurídica de tais pessoas não oferece nenhuma incompatibilidade à aquisição *ad usucapionem*. A questão que se forma, porém, é outra. Por diversas razões, elementares ou não, poderia a pessoa jurídica adquirir por usucapião, na modalidade prevista no artigo sob comentário?

Este é o fulcro da questão. No usucapião de que tratamos, é conteúdo da posse exercida, que prolongada no tempo se transforma em domínio, a moradia do prescribente. Não basta a posse com disponibilidade de contato físico. Este deve existir e na forma de moradia. Morar é residir, fazer do imóvel seu teto e abrigo. O ato de moradia lembra a residência de pessoas, do usucapiente e/ou de sua família, onde se alimentam, se asseiam e descansam, inclusive dormindo. O morar, portanto, é ação que se compatibiliza com a pessoa física; jamais com pessoa jurídica.

Pessoa jurídica tem sede, inconfundível com moradia. A sede se vincula ao local em que são exercidas as atividades negociais da empresa. A sede é localização para ser encontrada e, por isso, desarmônica com a figura de moradia. Não havendo possibilidade fático-jurídica de morar para a pessoa jurídica, impensável se admiti-la como legitimada para o usucapião constitucional rural. Onde não haja este requisito de moradia, como ocorre na legislação civil codificada, nada impede o usucapião por pessoa jurídica. A questão da ilegitimidade está na impossibilidade absoluta de satisfazer um dos requisitos.

Não basta ser pessoa física. Ele deve ser um necessitado de moradia para si e sua família, a título dominial. A cláusula constitucional traduz esta idéia, afirmando legitimado o que não for proprietário de imóvel rural ou urbano. É a interpretação gramatical. Ter sido proprietário *antes* do início do prazo qüinqüenal para usucapir ou *depois* de adquirido o direito dominical, não importa ao usucapião de que se trata. Contudo, como já salientamos anteriormente no exame do artigo 183, usucapião urbano constitucional, a cláusula constitucional, para que tenha efetiva aplicabilidade, deve ser entendida como legitimando o necessitado, conforme criteriosa avaliação feita no ato judicial de reconhecimento do usucapião.

Indagação que se pode fazer é a concernente, após ter adquirido por usucapião rural, o usucapiente se desfazer da área usucapida, negociando-a. Posteriormente, atendidos todos os requisitos, pode adquirir nova área, reconhecendo-se sua legitimidade? No usucapião urbano constitucional, há obstáculo: "Esse direito não será reconhecido ao mesmo possuidor por mais de uma vez" (§ 1º do art. 183). Na hipótese de usucapião rural constitucional, há omissão a respeito. Pode-se pensar em, numa interpretação sistêmica, fazer se refletir o impedimento de uma modalidade de usucapião na outra espécie?

Difícil se entender, dentro da lógica do razoável, que, num usucapião, crie-se hipótese de ilegitimidade e, no outro, não. As mesmas razões que justificam o impedimento no usucapião urbano constitucional se fazem presentes no usucapião rural constitucional. Contudo, seria hermeneuticamente válido se acrescentar no artigo 191 em anotação uma restrição específica, pelo menos expressamente, para o artigo 183? Uma coisa é certa. O constituinte, quando quis obstar o usucapião quanto aos imóveis públicos, inseriu a regra impeditiva no § 3º do artigo 183 e, identicamente, no parágrafo único do artigo 191, porque entendeu necessária a repetição. Por que, no concernente ao obstáculo por já ter sido beneficiado com o usucapião, só se referenciar ao artigo 183?

Esta última observação aclara, a nosso sentir, com razoável exatidão, a intenção do constituinte. O obstáculo que estamos examinando só diz respeito ao usucapião do artigo 183. No artigo ora anotado, o ter usucapido anteriormente não torna o usucapiente ilegitimado. Deste modo, a Lei nº 6.969, de 10 de dezembro de 1.981, que trata do usucapião especial, foi recepcionada à inteira, nela não constando qualquer restrição da legitimidade pelo fato de já ter sido o interessado beneficiado anteriormente com usucapião.

8.2. Relação possessória qualificada

Como em qualquer modalidade de usucapião, exige-se o usucapiente tenha posse qualificada, que se prolongue durante o tempo, no caso cinco anos. Não basta a simples posse *affectio tenendi*, aquela em que o possuidor, procedendo como um proprietário procederia, reconhece o domínio alheio. Esta é posse simplesmente interdital, a que sustenta o direito aos interditos (manutenção, reintegração e interdito proibitórios). No usucapião, a posse deve ser *animus domini*, em que o possuidor age tendo-se como proprietário, sem reconhecimento do domínio alheio, embora saiba quem seja o dono. Isto é fundamental se entender para afastar da usucapibilidade os arrendatários, parceiros, comodatários, etc. A posse com intenção de senhor é essencial.

    Nenhuma novidade se dizer que, na qualificação possessória para o usucapião, a posse deva ser sem oposição, realizando-se de forma mansa e pacífica. Identicamente, como ocorre no usucapião extraordinário da legislação civil codificada, a posse para a prescrição aquisitiva do artigo 191 em comento pode ser injusta, por que inexigível a presença de boa-fé. Computam-se, portanto, posses justas e injustas. Acrescenta-se, ainda, que a relação possessória deve ser contínua, ininterrupta, durante o qüinqüênio. Isto tudo também acontece no usucapião em estudo. Há dois aspectos da qualificação, entretanto, que se especificam: a posse deve ser pessoal e ter específica destinação econômica.

    A posse, no direito brasileiro, pode ser adquirida e se manter através de terceiro - o detentor que exerce a posse em nome de outrem (art. 487 do Cód. Civil) - ou se realizar por atos de disponibilidade, sem o devido contato físico. Estas configurações possessórias não prestam, são inservíveis, para o usucapião rural constitucional. Há exigência, como identicamente para o usucapião urbano constitucional, de que a posse seja *pessoal*. Nesta pessoalidade, se desenham duas necessidades: a posse ser exercida pelo próprio usucapiente, sem intermediário, e se manter, durante os cinco anos, com contato físico contínuo, insuficiente a simples disponibilidade.

    Importante, também, à modalidade de usucapião em exame, é o conteúdo econômico da posse. A mera circunstância de proceder como o proprietário procederia e se tendo como proprietário é insatisfatória. Essencializa-se para a hipótese ora versada o conteúdo possessório, que se especifica como sendo *pro labore*. Explica-se. A terra ocupada tem certas potencialidades agrárias. Cabe ao usucapiente trabalhar a terra, cultivando-a, etc., para torná-la produtiva pelo próprio trabalho e de sua família. O exercício do trabalho, com moradia, é o conteúdo necessário da relação possessória.

O prazo para usucapir é de cinco anos, espaço temporal em que a posse, sem intervalos, deve se apresentar com as qualificações já examinadas.O artigo 552 do Código Civil admite, para o usucapião previsto na lei infraconstitucional, a soma de posses, ocorrendo as situações de *acessio possessionis* e de *sucessio possessionis*. Em outras palavras, havendo transmissão de posse *ad usucapionem* por ato *inter vivos*, por legado ou por sucessão *causa mortis*, as posses do antecessor e do sucessor se somam para a satisfação do requisito de tempo. No usucapião constitucional em estudo, o tempo do antecessor serve ao tempo do sucessor, somando-se-os?

A necessidade de ser a posse pessoal, nos termos já referidos, não se compatibiliza com a *acessio possessionis* (sucessão singular), na qual se inclui a situação do legatário. Este e qualquer outro cessionário podem ostentar posse pessoal, mas somente em relação ao tempo em que a exerceram, efetivamente. O tempo do cedente ou do testador é tempo estranho à pessoalidade do cessionário e do legatário. Incomputáveis, por isso, as posses. Deste modo, a regra do artigo 552 da lei subconstitucional não tem incidência em usucapião rural constitucional, na hipótese da chamada acessão da posse.

O mesmo fundamento pode e deve ser utilizado, modo parcial, na hipótese de sucessão universal, a *sucessio possessionis*. A regra da pessoalidade da posse é incompatível com a soma de posse do *de cujus* com a do herdeiro. Há, porém, no usucapião rural constitucional, uma compreensão a se destacar. O usucapião existe para beneficiar a família, o grupo que trabalha a terra como um todo. Um fato natural, como a morte do usucapiente, não pode ter como efeito o desfazimento de uma tutela constitucional. Admite-se, por isso, como exceção, a sucessão de posse em favor do herdeiro que já esteja trabalhando a terra.

Esta compreensão que se afigura como correta na doutrina (Celso Ribeiro Bastos, *opus cit.*, p. 346) gera algumas dúvidas quanto a certos efeitos já assentados juridicamente. Por força do princípio da saisina (art. 1.572 do Cód. Civil), todo herdeiro, mesmo o que não trabalha a terra, sucede na posse com a abertura da sucessão. Da mesma forma que sucede, na relação possessória, o herdeiro que trabalha a terra. Haverá, portanto, uma composse. Deve-se entender, porém, que a composse sucedida tem reflexos diversos: a do que também cultivava a terra traz consigo o efeito de somar a posse do antecedente para o usucapião de que se trata, enquanto, para o outro herdeiro, só serve para o usucapião da lei civil codificada. Esta distinção deve ser feita.

E se o *de cujus* não tiver herdeiros trabalhando a terra e, sim, filhos de criação e pessoas que estejam sob seu arrimo, qual a solução jurídica? Deve ser buscada não nas regras contidas no Código Civil, no direito sucessório. A tutela que o artigo ora anotado assegura é também à família do usucapiente, que está na terra. *Família*, no texto do artigo 191, não é somente a gerada pelo sangue ou pelo casamento. É o grupo existente que, cultivando a terra, busca sua produção mas, identicamente, a subsistência econômica. Não há necessariamente parentesco para se pensar em direito sucessório. Assim, em interpretação ampliativa, pensamos que tais pessoas sucedem na posse do *de cujus*, podendo somar a posse deste, para alcançar o qüinqüênio.

8.3. Objeto do usucapião

O objeto do usucapião rural constitucional é o imóvel rural localizado em zona rural. Não basta a destinação de agrariedade. Essencializam-se os elementos definidores do imóvel como rural pela destinação econômica dada pelo prescribente e o critério de localização, devendo a área de terra estar em zona rural. Ademais, se tratando de imóvel público, inviável é o usucapião. Contudo, o que vale aqui é o conceito de imóvel público *stricto sensu*. Não se confunde, portanto, com terra devoluta, embora a titularidade dominical desta. O tema já foi enfrentando quando das anotações do artigo 188.

A dimensão máxima da terra suscetível de ser usucapida é de área "não superior a cinqüenta hectares". Deste modo, sem a menor dúvida, há viabilidade de usucapir se a área possuída não ultrapassar cinqüenta hectares, seja como unidade imobiliária, seja parte, devidamente delimitada, de um todo maior, que ultrapasse o limite de dimensão previsto na Constituição. Entenda-se. A delimitação em um todo maior contínuo deve ser feita durante todo o qüinqüênio, e não momentos antes do ajuizamento da ação. Esta é a primeira observação que se faz com supedâneo nos claros termos do texto constitucional.

Levanta-se, porém, uma discussão. Se o usucapiente tem a posse de cinqüenta e um ou mais hectares, não poderá usucapir até cinqüenta hectares, e o restante ser objeto de usucapião na forma da legislação civil codificada? Mais explicitamente, pouco antes de ingressar com a ação, cerca a área até o limite máximo, com pretensão a usucapir somente a área delimitada. Pontes de Miranda (1.977, t. XI, p. 153), referindo-se ao usucapião do artigo 156, § 3º, da Carta de 1.946, cuja dimensão máxima era de vinte e cinco hectares, diz, sem qualquer argumentação: "Se o terreno ocupado é de mais de vinte e cinco hectares, a aquisição é só de vinte e cinco hectares".

Temos opinião contrária. Na teoria, o usucapião é forma de aquisição da propriedade presentes duas condutas: a do usucapiente e, por isso, *comissiva*, que tem a posse do imóvel com as qualificações exigidas durante os cinco anos, e a do proprietário, que deixa de se opor tempestivamente à posse do usucapiente e, por isso, conduta *omissiva*. Sem que se somem estas duas condutas, não há que se pensar em usucapião, mesmo porque um dos característicos da aquisição do domínio pela posse prolongada é de inocorrer oposição. Na hipótese em exame, não há que se falar em inexistência de oposição porque, ocupando área superior à prevista constitucionalmente, o prazo para se opor seria de vinte anos. Como se reconhecer o usucapião com cinco anos, se não se encerrara o prazo do proprietário para se opor?

Capítulo IV

SISTEMA FINANCEIRO NACIONAL

1. Introdução

1.1. Aspectos iniciais

Um sistema financeiro nacional, dirigido à área privada embora com algumas entidades públicas (instituições bancárias oficiais), com pretensão a uma estruturação ampla e coordenada, conteúdo programático definido e propósitos especificados, não foi objeto de nenhuma das Constituições brasileiras anteriores à atual Carta Política. A matéria não tinha assim, por deslocada do Texto Maior, a natureza de tema constitucional. Cabia ao legislador ordinário, se entendesse conveniente, regular e sistematizar a matéria. As Constituições, afora a de 1.988, poderiam ter regras específicas que hoje, por seu conteúdo normativo, seriam próprias de se localizarem num sistema financeiro. Mas não envolviam estruturação e preceituação geral.

A Constituição de 1.934, por exemplo, facultava à União que, através de lei, promovesse o desenvolvimento do crédito e a nacionalização progressiva dos bancos de depósito e das empresas de seguro em todas as suas modalidades (art. 117). A Constituição de 1.937 completava que "só poderão funcionar no Brasil os bancos de depósito e as empresas de seguro, quando brasileiros os seus acionistas" (art. 145). Este xenofobismo foi alterado pela Constituição de 1.946, ao regrar que "a lei disporá sobre o regime de bancos de depósito, das empresas de seguro, de capitalização e de fins análogos"(art. 149).

São normas com substância financeira, mas longe de pretenderem um sistema financeiro nacional.

A Lei nº 4.595, de 31 de dezembro de 1.964, lei infraconstitucional, tratou sobre a Política e as Instituições monetárias, bancárias e creditícias, titulando o Capítulo I de Sistema Financeiro Nacional. Observa-se, porém, que a matéria tinha equacionamento por lei subconstitucional, e não por regramentos constitucionais. O tema referente ao Sistema Financeiro Nacional, buscando uma estrutura e princípios regentes, em sede constitucional, só veio a aparecer com a Constituição de 1.988. Esta, portanto, fez migrar a matéria do sistema financeiro para seu texto, toda ela indicada no artigo 192.

O ingresso do tema em texto constitucional não foi idéia original do constituinte de 1.988. Conforme o magistério de Pinto Ferreira (1.944, p. 530), a Constituição da República Federal da Alemanha de 1.949 e a Constituição da República de Portugal de 1.976, já tinham operado a entrada do sistema financeiro em seus textos. Por isso, a idéia do constituinte brasileiro não foi espontânea, o que não lhe retira o valor e a importância pretendida da inovação. A utilização do direito comparado na formação do direito dos Países, sempre foi fonte saudável.

O sistema financeiro nacional de que se trata é, no dizer de José Afonso da Silva (1.990, p. 692), *parapúblico*, visto que engloba instituições financeiras creditícias, privadas e públicas, de seguro, de previdência privada e de capitalização. Distingue-se, porém, do sistema financeiro *público*, tratado nos artigos 163 a 169 da CF, cujo objetivo se refere a finanças públicas e orçamentos públicos. Como chama a atenção o ilustre publicista, com apoio nos artigos 164 e 192, o ponto de contato entre os dois sistemas está no Banco Central do Brasil.

Os objetivos do sistema financeiro nacional constitucionalizado são expressamente indicados no artigo 192 da CF: promover o desenvolvimento equilibrado do

País e servir aos interesses da coletividade. Entenda-se. Desenvolvimento *equilibrado* é desenvolvimento que alcança todos os setores, buscando, assim, o próprio desenvolvimento nacional do País, que é um dos objetivos fundamentais da República Federativa brasileira (art. 3º). Não haverá equilíbrio no desenvolvimento, se um dos setores, o das instituições financeiras por exemplo, desenvolver-se, enquanto o outro, o da clientela, a dos consumidores, sofre as conseqüências. O pressuposto constitucional de desenvolvimento abrangente deve ser cumprido, satisfatoriamente.

Harmonizada com esta condição essencial do sistema financeiro, está a obediência aos interesses da coletividade. Há, na atividade financeira, a utilização de todo um patrimônio em busca de um fim lucrativo. Contudo, um dos princípios elencados para a atividade econômica em geral é o da função social da propriedade. Toda patrimonialização faz parte do conceito amplo dado à propriedade. Assim, o objetivo de satisfazer o interesse da coletividade é simples nuance do princípio referente à função social da propriedade. A coletividade não deve ser usada para cobrir os resultados deficitários do sistema mal executado, mas sim para se beneficiar do próprio desenvolvimento.

1.2. Lei Complementar e estruturação

O artigo 192 da CF tem dois comandos que precisam ser, de início, ressaltados: a) o conteúdo do sistema financeiro, além do aspecto de estruturação, deve dispor acerca da temática indicada em oito incisos e três parágrafos da normatividade referida. Trata-se de enfrentamento obrigatório, embora outros assuntos, com a característica de facultativos, possam ser enfrentados. Nenhuma dúvida quanto a esta faculdade face à palavra *inclusive*, que se encontra no preceito constitucional; b) a regulação do sistema financeiro se dará através de lei, que a Constituição exige seja lei complementar.

A doutrina, com apoio no texto constitucional, tem definido lei complementar como a que atenda a dois requisitos essenciais. É aquela que complementa normativamente a Constituição, sem a qual o Texto Supremo fica sem eficácia, face à inexistência de complementação, e que é, no processo legislativo, aprovada pela maioria absoluta (art. 69 da CF), ou seja, mais de cinqüenta por cento dos membros das Casas Congressuais. É o magistério de Paulo de Barros Carvalho (1.991, pp. 134/135) e Sacha Calmon Navarro Coêlho (1.990, p. 113).

Hoje, passados mais de oito anos da entrada em vigor da Constituição de 1.988, não se providenciou na edição da lei complementar. O entendimento, porém, que se formou é no sentido de que houve recepção constitucional da Lei nº 4.595/64 que, conforme se ressaltou anteriormente, trata do Sistema Financeiro Nacional. Contudo, há uma observação a se aditar. A Lei nº 4.595/64 não é, de natureza, lei complementar, mesmo porque, quando editada, não havia no direito brasileiro a figura de lei complementar. Seria, por isso, possível a sua reforma por outra lei ordinária, como no normal dos casos ocorreria face ao princípio da hierarquia das leis?

Para não se chegar ao absurdo de, após 1.988, se legislar sobre sistema financeiro através de lei ordinária, sob a alegação de se estar alterando a Lei nº 4.595/64, há compreensão de que, com a recepção constitucional, referido diploma adquiriu a natureza de lei complementar (Celso Ribeiro Bastos, *opus cit.*, p. 358). Passando a ser lei complementar, só lei da mesma hierarquia é que pode modificá-la normativamente. É de se lembrar, todavia, que tal lei foi editada na época em que, no dizer de Pinto Ferreira (*Opus cit.*, v. 6, p. 552), havia o "entulho autoritário dominante no País".

Esta compreensão é fundamental para o exame da Lei nº 4.595/64, quanto a ter sido a recepção integral ou parcial. Com efeito, há uma série de princípios contidos na atual Constituição e inexistentes na época da edição da Lei nº 4.595/64. De outro lado, o atual artigo 192 elenca, em oito incisos, princípios a serem adotados no sistema financeiro nacional, embora não-auto-executáveis, mas caracterizados como regras programáticas. Da mesma natureza, os seus três parágrafos. Daí, como é consabido, na recepção constitucional só é *recebido*, mantendo a normatividade, aquilo que estiver conforme o texto constitucional, inclusive com as regras programáticas nele contidas.

A estrutura do sistema financeiro nacional previsto na Lei nº 4.595/64, é a seguinte: a) Conselho Monetário Nacional; b) Banco Central do Brasil; c) Instituições Financeiras Públicas e Privadas, entre as quais o Banco do Brasil S/A, o Banco de Desenvolvimento Econômico e Social - BNDES - e as demais instituições financeiras. O CONSELHO MONETÁRIO NACIONAL - que tem por finalidade a formulação da política monetária e creditícia do País, com o objetivo de alcançar seu progresso econômico e social - é integrado pelo Ministro da Fazenda, pelo Presidente do Banco do Brasil S/A, pelo Presidente do BNDES e por outros sete membros nomeados pelo Presidente da República, após aprovação do Senado Federal (arts. 2º e 6º).

O *Banco Central do Brasil* é uma autarquia federal, que tem sede e foro na Capital da República, com a principal e privativa atribuição de emitir a moeda circulante do País (art. 10,I, da Lei). A Constituição de 1.988 diz, no inciso VII de seu artigo 21, que compete à União emitir moeda, explicitando o artigo 164 que esta competência será exercida exclusivamente pelo Banco Central. Por isso, o que regrava o inciso I do artigo 10 da Lei - emissão monetária "nas condições e limites autorizados pelo Conselho Monetário Nacional" - não foi constitucionalmente recepcionado.

Pelo artigo 14 da Lei, a administração do Banco Central se dava "por uma diretoria de cinco membros, um dos quais será o presidente, escolhidos pelo Conselho Monetário Nacional dentre seus membros" nomeados. O Decreto-Lei nº 91.961, de 19 de dezembro de 1.985, alterou para sete o número dos membros da diretoria, um dos quais o presidente, "todos nomeados pelo Presidente da República" (art. 1º). A Carta de 1.988 manteve a nomeação do presidente e dos diretores do BACEN pelo Presidente da República, mas só após aprovação dos nomes pelo Senado Federal (arts. 52, III, "d", e 84, XIV), por voto secreto e argüição pública.

As *instituições financeiras* podem ser públicas e privadas. Genericamente, elas se definem como pessoas jurídicas, cuja atividade principal ou acessória é a de coletar, intermediar e aplicar recursos financeiros próprios ou de terceiros ou custodiar valor de propriedade de outrem. Entre as instituições financeiras públicas estão o Banco do Brasil S/A, o BNDES e as Caixas Econômicas Federal e estaduais. Incluem-se entre as instituições financeiras privadas todas aquelas que, tendo a natureza jurídica de direito privado, exercem a atividade específica prevista em seu conceito.

2. Artigo 192

O sistema financeiro nacional, estruturado de forma a promover o desenvolvimento equilibrado do País e a servir aos interesses da coletividade, será regulado em lei complementar, que disporá, inclusive, sobre:
I - a autorização para o funcionamento das instituições financeiras, assegurado às instituições bancárias oficiais e privadas acesso a todos os instrumentos do mercado financeiro bancário, sendo vedada a essas instituições a participação em atividades não pevistas na autorização de que trata este inciso;
II - autorização e funcionamento dos estabelecimentos de seguro, resseguro, previdência e capitalização, bem como do órgão oficial fiscalizador;
III - as condições para a participação do capital estrangeiro nas instituições a que se referen os incisos anteriores, tendo em vista, especialmente:
a) os interesses nacionais;
b) os acordos internacionais;
IV - a organização, o funcionamento e as atribuições do Banco Central e demais instituições financeira públicas e privadas;
V - os requisitos para a designação de membros da diretoria do Banco Central e demais instituições financeira, bem como seus impedimentos após o exercício do cargo;
VI - a criação de fundo ou seguro, com o objetivo de proteger a economia popular, garantindo créditos, aplicações e depósitos até determinado valor, vedada a participação de recursos da união;
VII - os critérios restritivos da transferência de poupança de regiões com renda inferior à média nacional para outras de maior desenvolvimento;
VIII - o funcionamento das cooperativas de crédito e os

requisitos para que possam ter condições de operacionalidade e estruturação próprias das instituições financeiras.

§ 1º A autorização a que se referem os incisos I e II será inegociável e intransferível, permitida a transmissão do controle da pessoa jurídica titular, e concedida sem ônus, na forma da lei do sistema financeiro nacional, a pessoa jurídica cujos diretores tenham capacidade técnica e reputação ilibada, e que comprove capacidade econômica compatível com o empreendimento.

§ 2º Os recursos financeiros relativos a programas e projetos de caráter regional, de responsabilidade da União, serão depositados em suas instituições regionais de crédito e por elas aplicados.

§ 3º As taxas de juros reais, nelas incluídas comissões e quaisquer outras remunerações direta ou indiretamente referidas à concessão de crédito, não poderão ser superiores a doze por cento ao ano; a cobrança acima deste limite será conceituada como crime de usura, punido, em todas as suas modalidades, nos termos que a lei determinar.

2.1. Autorização

As instituições financeiras privadas precisam estar autorizadas para funcionar. A liberdade de associação, que levaria à desnecessidade de prévio assentimento para funcionar, extraída do artigo 5º, XVII e XVIII, da CF, não se lhes aplica. O inciso I do artigo ora anotado manda que lei complementar disponha a respeito da autorização. O tema está regulamentado pela Lei nº 4.595/64, neste ponto recepcionada pela Carta de 1.988. A competência para consentir no funcionamento é, na regra geral, do BACEN (art. 10, XI), ressalvada a hipótese em que, se tratando de instituição financeira estrangeira, o ato autorizativo dependerá de decreto do Presidente da República (art. 18).

A autorização também se faz necessária para outras entidades, que passam, como conseqüência, a integrar o sistema financeiro nacional: estabelecimento de seguro, previdência privada e capitalização. Estas entidades já estavam acobertadas pela Lei nº 4.595/64. A Constituição, no artigo 192, inciso II, as incluiu no sistema financeiro nacional, além do órgão oficial fiscalizador e o resseguro, de acordo com a redação dada ao inciso II pela Emenda Constitucional nº 13/96. Também deverá haver autorização para o funcionamento, face ao interesse da coletividade de consumidores na boa execução da atividade levada ao público.

Em linhas gerais, o ato autorizativo deverá ser por portaria do Ministro da Indústria e Comércio para as sociedades de seguro (art. 74 do Decreto-Lei nº 73, de 21.11.66), o que também ocorre com as sociedades de capitalização. Na previdência privada, considera-se-á a espécie da entidade: se *aberta* ao público, depende de autorização do Ministro de Indústria e Comércio, enquanto para a entidade *fechada*, que é complementar ao sistema de previdência e assistência social, a autorização é do Ministério de Previdência e Assistência Social (arts. 11 e 37 da Lei nº 6.435, de 15.7.77).

O prévio assentimento, portanto, para todas as instituições até agora referidas, é condição básica e essencial para o funcionamento. Entenda-se, porém. A autorização jamais é genérica; é expressamente referenciada a certas e determinadas atividades. Em outras palavras, limita-se à extensão autorizada, somente para as atividades expressamente previstas no ato formal de autorização. O que dela não se contém está fora do autorizado e, conseqüentemente, limita o funcionamento. Em se tratando de entidade bancária, oficial ou privada, assegura-se sempre seu "acesso a todos os instrumentos do mercado financeiro bancário"(art. 192, I, da CF).

O texto constitucional qualifica a autorização como *inegociável* e *intransferível*. Dada a uma pessoa jurídica, há vínculo perene com a autorizada. Esta não pode pensar em transferi-la ou negociá-la com terceira pessoa, nem a título oneroso nem a título gratuito. A inegociabilidade e intransferibilidade impedem que o próprio Poder Público consinta na negociação ou transferência. A vedação é absoluta e inconstitucional. Enfatiza-se, no entanto, que a inegociabilidade e intransferibilidade dizem respeito à passagem da autorização para outrem. A Constituição permite, todavia, que haja "transmissão do controle da pessoa jurídica titular...a pessoa jurídica cujos diretores tenham capacidade técnica e reputação ilibada, e que comprove capacidade econômica compatível com o empreendimento" (§ 1º). O que se admite, envolvendo mais uma alteração social da pessoa jurídica autorizada, é inconfundível com a intransferibilidade e inegociabilidade da autorização. Contudo, esta permissão não é auto-aplicável porque o texto constitucional afirma-a não poder ser onerosa, determinando, outrossim, que a transmissão do controle se dê "na forma da lei do sistema financeiro nacional". A lei complementar, por isso, é essencial.

O controle do Poder Público relativamente às instituições financeiras não se resume ao ato formal de autorização. No curso do funcionamento das instituições, deverá haver fiscalização. O artigo 20, VIII, da Lei nº 4.595/64, defere ao Banco Central do Brasil a competência para o exercício da fiscalização das instituições financeiras. Na área securitária e de previdência privada - entidades abertas -, a atribuição é entregue à Superintendência dos Seguros Privados - SUSEP. Tratando-se de entidade fechada de previdência privada, cabe à Secretaria de Previdência Complementar - SPC -, que compõe a estrutura do Ministério da Previdência e Assistência Social, a atribuição fiscalizadora.

2.2. Capital estrangeiro

É possível, como regra, a participação do capital estrangeiro nas instituições financeiras em geral. Não se trata, na verdade, de permissão livre, modo ilimitado. É ingresso com razoabilidade. Diz a regra constitucional que o ingresso será de conformidade com *condições* dispostas em lei complementar. O Texto Magno, porém, desde logo, arrola duas condições básicas, que se somam às instituídas pela lei complementar: os interesses nacionais e os acordos internacionais. São condições que, mesmo que não escritas, teriam que ser seguidas, isto porque jamais ingresso de capital estrangeiro poderia violar interesses nacionais.

J. Cretella Júnior (1.993, p. 4.287) acrescenta outra condição, a *reciprocidade*, apoiando-se na Lei nº 4.131, de 3 de setembro de 1.962. O mesmo afirmam Pinto Ferreira (1.994, v. 6, p. 564) e Celso Ribeiro Bastos (*Opus cit.*, p. 385). Não é desarrazoado indagar-se, para tão incisiva afirmação, se a Lei nº 4.131/62 foi recepcionada pela Carta de 1.988 ou revogada, limitando-se as condições às ditadas pela normatividade constitucional.

Entendemos ter ocorrido recepção constitucional e por dois motivos básicos. As condições elencadas na norma ora anotada são exemplificativas e não qualificadas pela taxatividade. O próprio inciso III em comento usa a expressão *tendo em vista, especialmente*. Daí se extrai a não-taxatividade e, via de conseqüência, a recepção constitucional, por não haver conflito entre a reciprocidade e a normatividade constitucional. A norma ordinária, por isso, passa a ter a natureza e eficácia de norma complementar. Ademais, o parágrafo único do artigo 52 do Ato de Disposições Constitucionais Transitórias - ADCT- fala em "de acordos internacionais, de reciprocidade, ou de interesse do governo brasileiro", com referência expressa ao artigo 192, III, ora em exame.

O critério de reciprocidade é facilmente compreensível. Baseia-se no tratamento igualitário ou análogo, conforme preceituação da lei. Dá-se tratamento favorável aos estrangeiros daqueles Países que, no exterior, dão tratamento igual ou semelhante aos brasileiros. A

Lei nº 4.131/62, nos artigos 50 e 51, trata desta reciprocidade, relativamente a instituições bancárias. O princípio da reciprocidade, é bom que se diga, existe para outras áreas, no ordenamento jurídico brasileiro. A Constituição de 1.988 dele fala, por exemplo, no artigo 12, § 1º, concernentemente aos portugueses com residência permanente no País.

O artigo 52 do ADCT, já referido, fazendo ressalva às hipóteses de autorizações para funcionamento de instituições financeiras estrangeiras por acordos internacionais, por reciprocidade ou por interesse brasileiro, veda duas situações enquanto não fixadas, por lei complementar, as condições referenciadas ao inciso III do artigo ora anotado. Assim, estão proibidas quaisquer instalações no País de agências novas de instituições financeiras domiciliadas no exterior. Identicamente, estão vedados aumentos de percentual de participação de pessoas físicas ou jurídicas residentes ou domiciliadas no exterior em instituições financeiras com sede no País.

2.3. Banco Central e demais instituições financeiras

O Banco Central do Brasil, como já visto, é uma autarquia federal por transformação da antiga SUMOC, o que ocorreu em 1.964, tendo sede e foro na Capital da República, e com delegacias instaladas em diferentes regiões geoeconômicas do País. Embora a designação de *banco*, suas atividades são limitadas, operando exclusivamente com instituições financeiras públicas e privadas, afora outras atividades que possam ser expressamente autorizadas em lei. Em outras palavras, são proibidas operações bancárias de outra natureza com pessoas jurídicas de direito público ou privado.

Vasta é a competência do Banco Central. Entre suas atribuições, algumas já vistas, arrolam-se: a) conceder autorização de funcionamento para instituições financeiras; b) fiscalizar as instituições financeiras; c) emitir moeda-papel e moeda metálica; d) executar os serviços do meio-circulante; e) realizar operações de redesconto e empréstimos a instituições financeiras bancárias; f) efetuar o controle dos capitais estrangeiros; g) representar o governo brasileiro no entendimento com instituições financeiras estrangeiras e internacionais; h) como agente do governo, promover a colocação de empréstimos internos e externos, facultando-se se encarregar dos respectivos serviços, etc. A gama de atribuições está nos artigos 10 e 11 da Lei nº 4.595/64.

O conceito de instituições financeiras, públicas ou privadas, já foi dado no item 2 da Introdução, reafirmando-se a atribuição principal ou acessória de coletar, aplicar e intermediar recursos financeiros próprios ou de outrem e custodiar valor de propriedade de terceiros. Entre elas, estão o Banco do Brasil S/A - a quem compete, precipuamente, a execução da política creditícia e financeira do Governo Federal -, as instituições financeiras públicas (BNDES, Caixas Econômicas Estaduais e Caixa Econômica Federal) - órgãos auxiliares da execução da política de crédito do Governo Federal -, as instituições financeiras privadas e as cooperativas de crédito.

A lei complementar referida no *caput* do artigo ora anotado deverá dispor sobre organização, funcionamento e atribuições do Banco Central e das demais instituições financeiras públicas e privadas, inclusive indicando requisitos para designação dos membros da diretoria de tais entidades e impedimentos após o exercício do cargo. Quanto à designação de membros de diretoria, o próprio texto constitucional já tem regramentos específicos (arts. 52, III, "d", e 84, XIV). No concernente às cooperativas de crédito, a lei complementar deverá dispor sobre seu funcionamento e "requisitos para que possam ter condições de operacionalidade e estruturação próprias das instituições financeiras"(inc. VIII).

A lei complementar, identicamente, deverá criar um fundo ou seguro, objetivando proteger a economia popular. Entre as atribuições do fundo ou seguro está a de garantir créditos, aplicações e depósitos. A finalidade que se faculta instituir por lei complementar é, para situação de irregularidade de qualquer instituição financeira, não permitir que a poupança popular seja prejudicada. Duas regras, para a criação do fundo ou seguro, já são indicadas no texto constitucional: a garantia individual da economia popular é até determinado valor a ser fixado por lei e não haverá participação de recursos da União no fundo ou seguro.

Diante da inexplicável omissão do Poder Legislativo federal em editar a lei complementar do sistema financeiro nacional, passados mais de oito anos da edição da Carta atual, foi publicada a Medida Provisória nº 1.179, de 3 de novembro de 1.995, dispondo parcialmente a respeito. Esta MP apoiou-se no Programa de Estímulo à Restauração (PROER) e ao Fortalecimento do Sistema Financeiro Nacional, instituídos pelo Conselho Monetário Nacional. Embora de duvidosa constitucionalidade, tanto a MP como a instituição do PROER pelo Conselho Monetário Nacional, porque o tema impunha lei complementar, é o que existe a respeito no ordenamento jurídico brasileiro.

2.4. Regionalização das poupanças

O inciso VII e o § 2º do artigo ora anotado buscam viabilizar e dar conteúdo prático a objetivo fundamental da República Federativa brasileira. Com efeito, no artigo 3º, III, *in fine*, elenca-se como objetivo fundamental de nossa República e Federação a redução das desigualdades regionais, o que importa dar um tratamento mais equilibrado e adequado às diversas regiões, para alcançar o objetivo final do progresso do País como um todo. Daí, a necessidade de se integrarem as diversas regiões em desenvolvimento e a existência de organismos regionais para execução dos planos regionais em harmonia com os planos nacionais.

Há, por isso, necessidade de que as poupanças regionais permaneçam nas regiões e não se transfiram para outras que já estejam em etapa de maior desenvolvimento. É o que diz o artigo 192, em seu inciso VII, deferindo à lei complementar dispor acerca de critérios que restrinjam quaisquer transferências. Cabe à lei complementar defini-los mas já há, no próprio texto constitucional, um indicativo do instrumental a ser utilizado. No artigo 43, fala-se em incentivos regionais, arrolando-se alguns exemplificadamente ("além de outros"): juros favorecidos para financiamento de atividades prioritárias; isenções, reduções ou diferimento temporário de tributos federais, etc.

O § 2º do artigo ora anotado contém dois mandamentos: a) os recursos financeiros referentes a programas e projetos da responsabilidade da União e de caráter regional, deverão ser depositados em instituições financeiras públicas federais; b) necessariamente os depósitos serão efetivados em tais instituições de crédito, mas nas *regionais* relativas ao local dos programas e projetos. Estes dois mandamentos são auto-aplicáveis, independendo, por isso, da existência de lei complementar. A normatividade constitucional não necessita de qualquer complementação.

2.5. Juros reais

O § 3º do artigo em comento, fixando em 12% (doze por cento) ao ano o máximo da taxa de juros reais, já incluídas no percentual fixado comissões e outras remunerações que se referem, direta ou indiretamente, à concessão do crédito, não é auto-aplicável conforme decisão do STF, face à falta de lei complementar regulamentadora (ADI nº 4.7). Como conseqüência, o mesmo Pretório Excelso tem, julgando diversos mandados de injunção - que devem conter uma ordem de comando por serem mandados e por serem injunção -, reconhecido a mora do Poder Legislativo, com a "exortação a que legisle, como manda a Constituição" (MI 362-9, RJ, Pleno, DJ de 3.5.96). Como na *exortação* há aconselhamento, e não mandado, passados oito anos da edição do texto constitucional, o § 3º do artigo 192 em anotação é, normativamente, letra morta.

Todavia, enfatizado o máximo respeito que se tem pelas decisões do Pretório Excelso e a eficácia *erga omnes* do decidido, mesmo porque cabe ao STF, prioritariamente, a guarda da Constituição, ousamos divergir. O § 3º em exame tem parte não-auto-aplicável. Com efeito, a cláusula final diz que a cobrança de juros além dos 12% se conceituará como crime de usura, "punido, em todas suas modalidades, nos termos que a lei determinar". A própria inexistência de sanção para o crime já seria suficiente para se negar a auto-aplicabilidade. Contudo, na área dos negócios e fora do direito penal, o § 3º tem suficiente normatividade para ser aplicado, independentemente de qualquer lei complementar.

Não interessa nem cabe à lei complementar definir o que são *juros reais*; esta tarefa pertence à doutrina. O que importa, fundamentalmente, é a composição dos juros reais. A Constituição não deixa dúvida a respeito. Por sua natureza de fruto civil, é o rendimento do capital emprestado. Também integram-no quaisquer comissões e outras remunerações que se refiram, direta ou indiretamente, à concessão do crédito. Não importa o nome dado - comissão de permanência, taxa de expediente, etc.-; por determinação constitucional, já estão incluídas nos juros fixados. Mas há que se pensar na correção monetária.

Juros e correção monetária não se confundem. Juros são frutos civis, rendimentos da coisa. Correção monetária é se garantir o mesmo poder aquisitivo da moeda com alteração de sua indicação nominal. Não significa qualquer ganho como os juros. É reposição monetária do capital mutuado. Assim sendo, o que corresponde à correção monetária do capital estrangeiro não tem qualquer relevância na interpretação do parágrafo em anotação, razão pela qual é tema que a lei complementar não pode alterar, pena de ampla subversão no ordenamento jurídico do País. Em outras palavras, por serem ontologicamente diversos, a correção monetária não está incluída nos juros reais.

Deste modo, parece claro que o qualificativo *reais* que se dá a *juros* não tem compreensão jurídica. Semanticamente, significa o que efetivamente existe e não tenha existência teórica. Em outras palavras, é o efetivo ganho, o efetivo fruto civil percebido pelas instituições financeiras, face ao empréstimo. As comissões e outras remunerações buscam um ganho que, além do máximo de 12% previsto constitucionalmente, é usurário. O se admitir a correção monetária como juros, além de tecnicamente equivocado, leva à iniquidade nas épocas inflacionárias e é aplicação inadmitida do locupletamento sem causa do devedor. Com esta compreensão, onde a necessidade de lei complementar?

Bibliografia

ACKEL FILHO, Diomar. *Município e Prática Municipal*. São Paulo: Revista dos Tribunais, 1992.

BASTOS, Celso Ribeiro. *Comentários à Constituição do Brasil*. v.7. São Paulo: Saraiva, 1990.

BEVILAQUA, Clóvis. *Código Civil dos Estados Unidos do Brasil Comentado*. 6. ed. V. I. Livraria Francisco Alves, 1940.

———. *Código Civil dos Estados Unidos do Brasil*. V. III. 6. ed. Livraria Francisco Alves, 1942.

———. *Código Civil dos Estados Unidos do Brasil Comentado*. V. VI. 5.ed. Livraria Francisco Alves, 1944.

BORGES, Paulo Torminn. *Institutos Básicos do Direito Agrário*. 5. ed. São Paulo: Saraiva, 1987.

CAETANO, Marcelo. *Direito Constitucional*, V. I. Rio de Janeiro: Forense, 1977.

CARVALHO, Paulo de Barros. *Curso de Direito Tributário*. 4. ed. São Paulo: Saraiva, 1991.

CASTRO, José Nilo de. *Direito Municipal Positivo*. Belo Horizonte: Del Rey, 1.991.

COÊLHO, Sacha Calmon Navarro. *Comentários à Constituição de 1988 - Sistema Tributário*. Rio de Janeiro: Forense, 1990.

CRETELLA JÚNIOR, J. *Comentários à Constituição de 1988*, 2. ed. V. I. São Paulo: Forense Universitária, 1990.

———. *Comentários à Constituição de 1988*. V. VIII. Rio de Janeiro: Forense Universitária, 1993.

———. *Direito Administrativo Brasileiro*. V. II. Rio de Janeiro: Forense, 1987.

DINIZ, Maria Helena. *Norma Constitucional e seus Efeitos*. 2. ed. São Paulo: Saraiva, 1992.

DÓRIA, Sampaio. *Comentários à Constituição de 1.946*. V. 4. Max Limonad, 1960.

FERRARI, Regina Maria Macedo Nery. *Elementos de Direito Municipal*. São Paulo: Revista dos Tribunais, 1993.

FERREIRA, Pinto. *Comentários à Constituição Brasileira*. V. 3. São Paulo: Saraiva, 1992.

——. *Comentários à Constituição Brasileira*. V. 6. São Paulo: Saraiva, 1994.

FERREIRA, Waldemar. *Tratado de Direito Comercial*. V. XII. São Paulo: Saraiva, 1964.

FERREIRA, Wolgram Junqueira. *O Município à Luz da Constituição Federal de 1988*. São Paulo: Edipro, 1993.

FREITAS, Juarez. *Estudos de Direito Administrativo*. São Paulo: Malheiros, 1995.

GRAU, Eros Roberto. *A Ordem Econômica na Constituição de 1988*. 2.ed. São Paulo: Revista dos Tribunais, 1991.

HUNGRIA, Nelson. *Comentários ao Código Penal*. V. I, T. II, 5. ed. 1978.

LIMA, Ruy Cirne. *Sesmarias e Terras Devolutas*. 2. ed. Porto Alegre: Sulina, 1954.

MARTINS, Ives Gandra. *Comentários à Constituição do Brasil*. V.3. T. I. São Paulo: Saraiva, 1992.

——. & BASTOS, Celso Ribeiro. *Comentários à Constituição do Brasil*. V. 3. T. II. São Paulo: Saraiva, 1993.

——. *Comentários à Constituição do Brasil*. V.6. T. I. São Paulo: Saraiva, 1990.

MASAGÃO, MÁRIO. *Curso de Direito Administrativo*. 6. ed. São Paulo: Revista dos Tribunais, 1977.

MAXIMILIANO, Carlos. *Hermenêutica e Aplicação do Direito*. 9. ed. Rio de Janeiro: Forense, 1979.

MEIRELLES, Hely Lopes. *Direito Administrativo Brasileiro*. 13. ed. São Paulo: Revista dos Tribunais, 1987.

——. *Licitação e Contrato Administrativo*. 10. ed. São Paulo: Revista dos Tribunais, 1991.

MELLO, Celso Antonio Bandeira de. *Curso de Direito Administrativo*. 4. ed. São Paulo: Malheiros, 1993.

MILHOMENS, Jônatas. *Direito Aeronáutico*. São Paulo: Nacional de Direito, 1956.

MIRANDA, Pontes de. *Comentários à Constituição de 1967.* T. I. São Paulo: Revista dos Tribunais, 1967.

——. *Comentários à Constituição de 1967.* T. V. São Paulo: Revista dos Tribunais, 1968.

——. *Comentários à Constituição de 1967.* T. VI. São Paulo: Revista dos Tribunais, 1968.

——. *Tratado de Direito Privado.* 4. ed. T. II. São Paulo: Revista dos Tribunais, 1977.

——. *Tratado de Direito Privado.* 4. ed. T. XI. São Paulo: Revista dos Tribunais, 1977.

MONCADA, Luis S. Cabral de. *Direito Econômico.* 2. ed. Coimbra: Editora Coimbra, 1988.

MOREIRA NETO, Diogo de Figueiredo. *Curso de Direito Administrativo.* 10. ed. Rio de Janeiro: Forense, 1992.

NASCIMENTO, Tupinambá Miguel Castro do. *A Ordem Econômica e Financeira e a Nova Constituição.* Rio de Janeiro: Aide, 1989.

——. *Usucapião.* 6. ed. Rio de Janeiro: Aide, 1992.

NORONHA, E. Magalhães. *Direito Penal.* V. 1. 23. ed. São Paulo: Saraiva, 1985.

PEDRAZZI, Cesare & COSTA JÚNIOR, Paulo José da. *Direito Penal das Sociedades Anônimas.* São Paulo: Revista dos Tribunais, 1973.

PEREIRA, Caio Mário da Silva. *Instituições de Direito Civil.* 5. ed. Rio de Janeiro: Forense, 1980.

SANTOS, J. M. de Carvalho. *Código Civil Brasileiro Interpretado.* V. XVII. Rio de Janeiro: Freitas Bastos, 1981.

——. *Código Civil Brasileiro Interpretado.* 9. ed. V. XXIII, Livraria Freitas Bastos, 1979.

SILVA, Américo Luis Martins da. *A Ordem Constitucional Econômica.* Rio de Janeiro: Lumen Juris, 1996.

SILVA, José Afonso da. *Direito Ambiental Constitucional.* São Paulo: Malheiros, 1994.

——. *Direito Urbanístico Brasileiro.* 2. ed. São Paulo: Malheiros, 1995.

——. *Curso de Direito Constitucional Positivo.* 6. ed. São Paulo: Revista dos Tribunais, 1990.

VIDIGAL, Geraldo de Camargo. *Teoria Geral do Direito Econômico.* São Paulo: RT, 1977.

FONE: (051) 472-5899
CANOAS - RS
1997